今こそ伝えたい

子どもたちの戦中・戦後

小さな町の出来事と暮らし

〈絵と文〉
野崎耕二

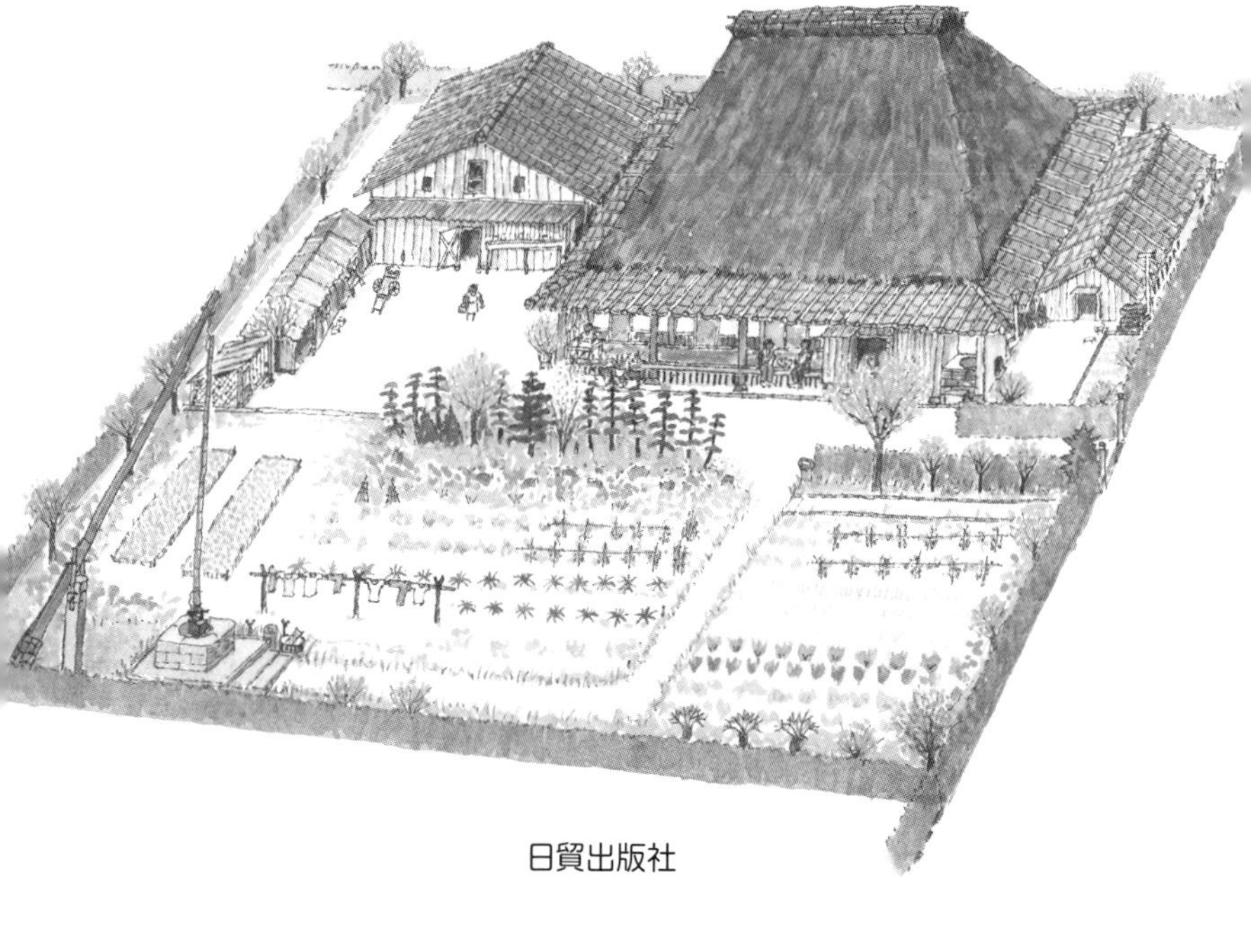

日貿出版社

万世国民学校（のちの万世小学校・万世中学校）

子どもたちの正月風景

吹上浜のハマヒルガオ

戦時中のわが家とグラマン戦闘機

吹上浜の貝掘り

七夕飾り（旧暦8月7日に行なわれた）

お星様
あまの川
七夕まつり
天の川

春の小川

案山子

川遊び

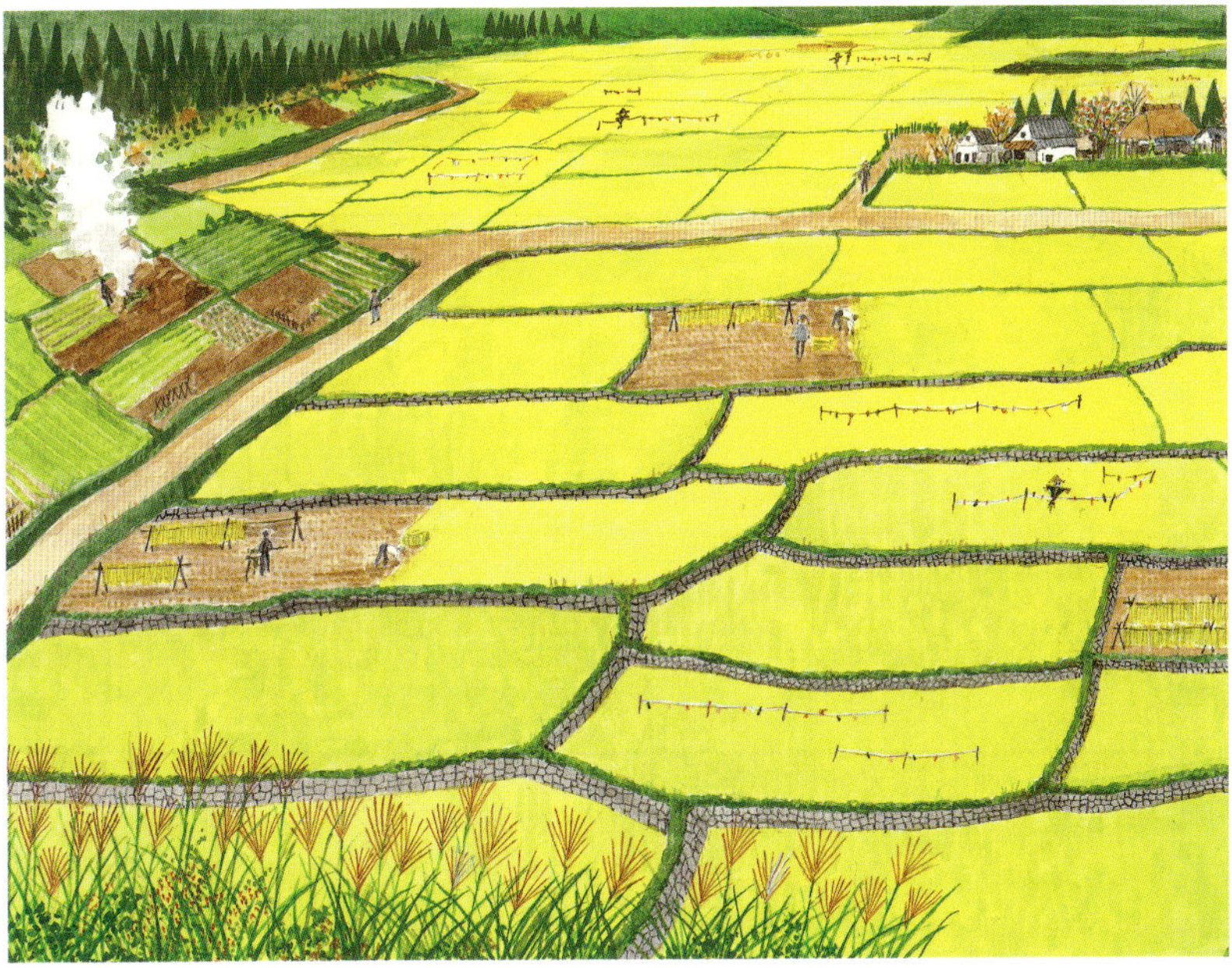

実り田

カボチャ棚の下で勉強？

トンボ掛け

十五夜まつり（十五夜旗）

十五夜まつり（どん綱）

十五夜まつりのどん綱

八月十五夜

十五夜まつり（相撲大会）

十五夜まつり（お月見飾りとボタモチ）

葬式の行列

ナトコ映画

国民学校での特攻隊員訣別のあいさつ

ゲートルを巻く父

貨車遠足

戦後子どもたちに配られた軍需品の鉄兜と防毒面、打ち壊された特攻機

正月の祝い

今こそ伝えたい　子どもたちの戦中・戦後

小さな町の出来事と暮らし

野崎耕二

はじめに

今年は、終戦から七十年。戦後に生まれた人が人口の八割近くになり、戦争があったことすら知らない人たちが増えています。

一方で、戦中・戦後のことを、語れる人・書き残せる人が、もう少なくなってきました。

戦争の悲惨さや、戦後の貧困などは語り継がれています。でも、その多くは大人たちの証言や体験で、当時の子どもたちのことはあまり伝えられていません。

本書は、終戦のとき八歳だった私の記憶をもとに、戦中・戦後の激動の時代を必死に生きた子どもたちのことを絵と文で綴りました。

昭和十八年（国民学校入学）から、終戦をはさみ、昭和二十七年（中学校卒業）までの、十年間の私の体験です。

戦争は大都市だけでなく、薩摩半島の浜辺にある私たちの小さな町にも深い傷跡を残しました。

戦争末期、町に特攻機の出撃基地が急造されました。昭和二十年三月、まだ出来やらぬ飛行場から特攻機が出撃するようになり、私たちは、学校でいくたびも特攻隊員を見送りました。二十歳前後の若い隊員たちは、その翌日に沖縄の海に散華したのです。

出撃が始まると、すかさず米軍のグラマン戦闘機が襲撃に来るようになり、爆弾で同級生の一人が死亡するなど戦々恐々の日々でした。

終戦後は、軍国主義から民主主義へ、国民学校から小学校へと、大改革と混乱の時代でした。

極度の物不足、食糧不足は、筆舌に尽くしがたいもので、子どもたちは一生懸命に畑仕事を手伝い、地引網などを引いて、食糧増産に励みました。

中学生になると、「君たちが日本を再建するのだ」と、叱咤激励され、私たちは意気に燃えていました。農業実習の時間があり農作業をおこない、学校で豚を飼育するなど、みんな身を以て労働の厳しさと食べ物のありがたさを知りました。

でも、辛いことばかりではありませんでした。町には、楽しいお祭りや年中行事、遊びもたくさんありました。

貧困など気にせず、多感な少年期を恵まれた自然環境の中で雑草のように逞しく育ちました。


時代は大きく移り、今は、物があふれ飽食の時代になりました。

豊かさと引きかえに、何か大切なものが次々と失われてしまいました。肩を寄せ合い助け合ってせっかく築いてきた、貧しくともぬくもりがあった社会が、今、崩壊しつつあり胸が痛みます。

戦争と貧困を知らない世代へ、健気にがんばった昭和の子どもたちのことを、少しでも伝えられたら幸いです。

二〇一五年七月一日

著者

今こそ伝えたい　子どもたちの戦中・戦後［目次］

戦時中編

終戦直後編

中学校生活編

戦後の暮らし編

子どもの遊び編

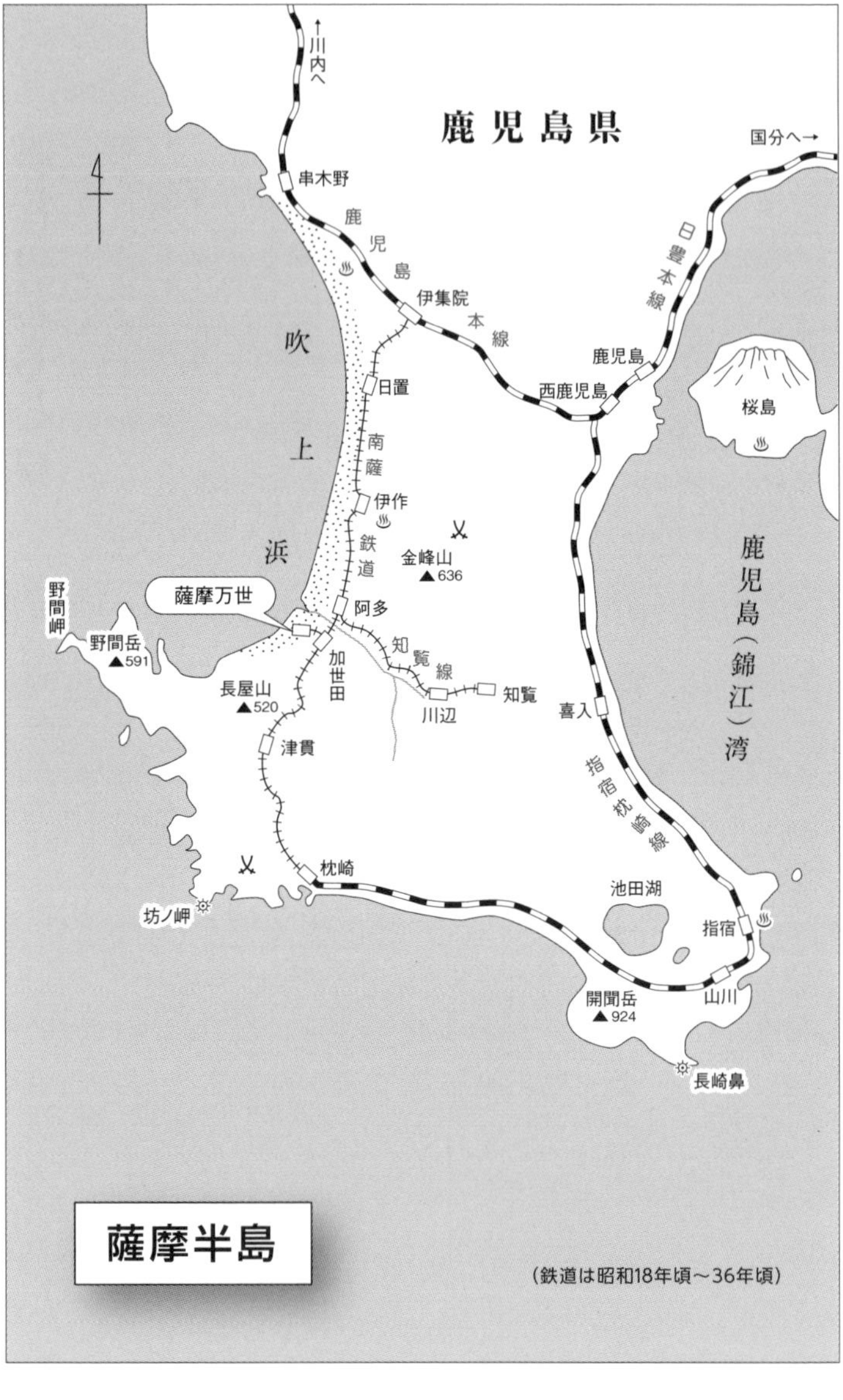

鹿児島県
川内へ
国分へ
串木野
鹿児島本線
伊集院
日豊本線
鹿児島
西鹿児島
桜島
吹上浜
日置
南薩鉄道
伊作
金峰山
636
鹿児島（錦江）湾
薩摩万世
阿多
野間岬
野間岳
591
加世田
知覧線
知覧
川辺
長屋山
520
喜入
津貫
指宿枕崎線
枕崎
池田湖
坊ノ岬
指宿
山川
開聞岳
924
長崎鼻
薩摩半島
（鉄道は昭和18年頃～36年頃）

戦時中編

1　万世《ばんせい》の町

薩摩半島の西側は弓なりに大きな弧を描いている。悠久の時を経て打ち寄せる波で形づくられた吹上《ふきあげ》浜《はま》である。北から南へ延々と四十七キロにも及ぶ砂丘は、日本三大砂丘の一つに数えられている。目路のかぎり続く真砂と浜松の絶景は、私たちの小学校校歌の一節に、

浜松つづく真砂路の　波に千古の余韻《ひびき》あり

と、詠まれている。

昭和十二（一九三七）年。私はその浜辺の人口一万人ほどの、鹿児島県川辺郡万世《ばんせい》町（現在の南さつま市）に生まれた。夏は南国の太陽がさんさんと照り注ぎ、冬は大陸からの季節風が吹くものの、一年を通して気候温暖の地である。

私たちは波音に誘われるように、裸足で浜に駆けて行った。深い松林を通り抜けると、白い砂と白波が目に飛び込んできた。大砂丘に登り、大海の潮風を全身に受けて胸躍らせた。

吹上浜にそそぐ万之瀬川の河口には、新川という小さな漁港がある。かつて江戸時代の終わりから明治時代にかけて約百年の間、長崎、瀬戸内海沿岸、大阪などと取引をして栄えた貿易港だった。やがて、薩摩半島に南薩鉄道が敷かれてからは次第に寂れ、その使命を終えて、今は静かな漁港となっている。

町は浜を背にして東西に広がり、前方にはなだらかな山並みが連なっている。山もまた、私たちを虜

にした。山菜・グミ・山桃、茸・アケビ採り、メジロ捕り、薪取りに、四季折々に山に分け入った。半農半漁の町であったが、多くの人は農業に携わっていた。とはいえ、平地の田畑は耕作面積が狭く、しかも砂地のため、農耕にはあまり適さなかった。そのために人びとは山裾を切り拓き農地にして、主にサツマイモと麦を栽培した。ジャガイモや大根・人参・玉葱などの野菜も作ったが、自給自足の農業といってもよかった。

一方、吹上浜では地引網が盛んに行われていた。アジ・イワシ・サバ、カレイ、キス、コノシロなど、豊漁で人びとの暮らしを助けていた。

商家や職人になって生計を立てている人たちもいた。人びとの暮らしは決して豊かとはいえなかったが、みんな純朴で温もりに満ちていた。

その平和な小さな町に、戦争の足音が忍び寄っていた。

2　国民学校入学

鹿児島の春の訪れは早い。陽光春の陽ざしの下、野も山も萌黄色から一気に若葉に包まれる。畑は菜の花に、田の面はレンゲの花に彩られ、万物に精気がみなぎる。

昭和十八（一九四三）年四月。私は「万世国民学校」に入学した。明治から親しまれてきた尋常小学校が、昭和十六（一九四一）年に「国民学校」と改称されて二年目のことである。それまでは初等科六年、高等科二年だったものが、戦時体制への即応と皇国民の基礎的練成を目的としたものになった。

学校は町の中央にある小高い山を削って造られたもので、見晴らしのよい高台にあった。緩やかな長い階段を上って行くと校門手前の左に築山があり、二宮金次郎の石像が立っていた。薪を背負い道中で本を読んでいる姿である。農民の生まれながら苦学して成功した勤勉さが、小学生の理想の手本としてふさわしいと考えられていた。

校門からは、東シナ海と吹上浜と町が一望できた。浜風が吹き渡り、打ち寄せる白波がよく見えた。広大な敷地の東側は高い土手になっていて、土手の下には学校農園があった。西側は傾斜面に雑木が生い茂り、その下に民家が広がっていた。校舎は大きな松にぐるりと囲まれていて、松籟は子どもたちの心に深く刻まれた。校門を入ると、通路が放射状に三方に分かれていた。真っ直ぐ行くと校長室と職員室のある校舎の正面玄関。通路には鉄製の藤棚が設えてあり、春には高貴な薄紫色の花房が垂れ下がり、花のトンネルになった。

左手に行くと東校舎、右手に行くと西校舎。校舎前の植え込みは桜、黒松、五葉松、蘇鉄、百日紅、君子蘭、つつじなどで埋め尽くされていた。

敷地には六棟の平屋建ての木造校舎が建っていた。三棟が一つのコの字型になって、二つのコの字が組み合わされていた。その中央に講堂があり、渡り廊下ですべてが繋がり、まるで昔の城郭を連想させるように配置されていた。朝礼、始業、終業を報せる鐘は講堂脇に吊るされていて、校内に鳴り響いた。コの字型に囲まれた所は、それぞれ第一校庭、第二校庭と呼ばれ、運動場に匹敵するほどの広さがあり、

桜、松、梅檀《せんだん》、蘇鉄が整然と植えられていた。運動場は裏門を出て道を挟んだ所にあった。運動場の南側は起伏に富んだ大砂丘の松林になっていて、相撲を取り、松の木に登り、駆け回り、子どもたちの格好の遊び場だった。

私が入学した年に山本五十六連合艦隊司令長官が、ソロモン上空で戦死している。太平洋戦争の戦況は大変緊迫していた。にもかかわらず、一年生の私たちは、日本がどこの国とどこで戦争をしているのかさえもよく知らず、広い校庭や松林を無邪気に走り回っていた。

ところが、二年生になると様相は一変した。

「気をつけ！」「前へならえ！」。集団生活のしつけと規律が厳しくなった。担任の先生は一年生の時と同じ女の先生だった。一年生のときは優しかった先生が、二年生になったら、大変厳しくなった。細い篠鞭を持って全員を厳しく叱りつけた。呼ばれたらハイと大きな声で返事をして直立した。整列、点呼、行進、少しでも乱れると叱られた。戦時下では、統率ときびきびした行動が求められたからである。

学校も軍事一色になった。集落ごとに隊列を組んで登校した。私たちの集落は焼酎屋前の角に集合して隊列を整えた。校門では先生が隊列を厳しく監視していた。校門を入って直ぐ左手に奉安殿が建てられていた。みんな横一列になり、奉安殿に向かって最敬礼をしてから教室に入った。

奉安殿には御真影・教育勅語謄本などが奉安されていて、学校で式が行われる度に「御真影」がうやうやしく講堂に運ばれて来た。白い手袋をした校長先生が「教育勅語」を読み上げられた。私たちは直立不動の姿勢で謹聴した。わずか四百五十字程度であるが、とても長く思われた。「御名・御璽」で終わる。「ギョメイ　ギョジ」を聴くと、ほっとしたものである。

慰問袋に入れて戦地の兵隊さんたちに送るための図画を描いた。敵機が燃えながら墜落する絵や、敵艦が轟沈する絵ばかりだった。女の子たちは、折り紙をせっせと折った。

軍歌は学校では教わらなかった。親も教えなかった。ラジオも無かったのに、みんないつの間にか覚えた。歌詞の意味をわからないままに歌った。

若い血潮の予科練の　七つボタンは桜に錨……「若鷲の歌」
見よ東海の空あけて　旭日高く輝けば……「愛国行進曲」
天に代りて不義を討つ　忠勇無双の我が兵は……「日本陸軍」
勝って来るぞと勇ましく　誓って故郷《くに》を出たからは……「露営の歌」

等など。

町では、出征兵士を見送る光景が、あちらこちらで見られた。

遊びは陣取り合戦や肉弾戦（宝取り）など、集団で敵味方に分かれて戦うものが多かった。松林に縄で囲った陣地を築き戦争ごっこをした。示現流の訓練にも励んだ。後述するが、示現流は薩摩藩独特の剣術である。

小さな掌の平で縄をない、学校に持って行った。その縄でアメリカのルーズベルト（大統領）やイギリスのチャーチル（首相）を縛るのだ、と言われた。正に鬼畜米英だった。

軍隊の階級を覚えて、得意になって呼称した。「二等兵、一等兵、上等兵、兵長、伍長、軍曹、曹長、准尉、少尉、中尉、大尉、少佐、中佐、大佐、少将、中将、大将」。最後に「元帥」を加えた。「一億一心火の玉！」「欲しがりません。勝つまでは！」などの標語が、次第に子どもたちにも浸透してきた。

吹上浜の浜辺に特攻機の出撃基地となる飛行場造りが始まり、子ども心にも、ただならぬ気配をはっきりと感じた。

〈昭和十八年度・萬世町立國民學校初等科第一學年の通信簿に表示されていた「教科目」〉

國民科（公民・國語・國史・地理）

理數科（算数・理科）

体錬科（体操）

藝能科（音樂・習字・圖畫・工作・家事・裁縫）

實業科

〈昭和十八年度・萬世町立國民學校初等科第一學年の通信簿に表示されていた「教育方針」〉

一、教育に關する勅語の旨趣を奉體して教育の全般に亙り皇國の道を修練せしめ特に國體に對す

る信念を深からしむ
二、國民生活に必須なる普通の知識技能を體得せしめ情操を醇化し健全なる心身の育成に力む
三、我が國文化の特質を明ならしむると共に東亞及世界の大勢に付て知らしめ皇國の地位と使命の自覺に導き大國民たるの資質を啓培するに力む
四、心身を一體として教育し教授、訓練、養護の分離を避く
五、各教科並に科目は其の特色を發揮せしむると共に相互の關聯を緊密ならしめ之を國民練成の一途に歸せしむ
六、儀式學校行事を重んじ之を教科と併せ一體として教育の實を擧ぐるに力む
七、家庭及社會との聯絡を緊密にし兒童の教育を全からしむるに力む
八、教育を國民生活に即して具体的實際的ならしむ　高等科に於ては尚將來の職業生活に對し適切なる指導を行う
九、兒童心身の發達に留意し男女の特性環境等を顧慮して適切なる教育を施す
十、兒童の興味を喚起し自修の習慣を養ふに力む

〈主な出来事〉※一年生のとき
○山本五十六連合艦隊司令長官ソロモン上空で戦死　○イタリア無条件降伏　○学徒出陣
○兵役を四十五歳まで延長　○年末年始休み廃止

※二年生のとき
○B29初の北九州来襲　○米軍サイパンに上陸　○学童集団疎開決定　○サイパン島玉砕
○一億国民総武装の決定（竹槍訓練など開始）　○米機動部隊が沖縄攻撃
○満十七歳以上を兵役に編入　○神風特攻隊を編成　○B29が東京を初空襲　○名古屋初空襲
○大阪初空襲　○硫黄島玉砕　○東京大空襲　○大阪大空襲

3　飛行場造り始まる

昭和十九（一九四四）年。わが町の浜辺に本格的に飛行場造りが始まった。沖縄戦への特攻機出撃の基地となるもので、陸軍最後の特攻基地である。軍部では機密の飛行場とされ、暗号で呼ばれていたそうだ。私たちは町の名に因んで「万世飛行場」と呼んでいた。飛行場造りには多くの人が勤労奉仕で動員された。母たちはそれまでは二十キロ東にある知覧飛行場（知覧飛行場も特攻基地）造りに奉仕で行っていた。ところが、今度はわが町の飛行場造りに動員された。近郷の町や村からも総動員され、突貫工事で進められた。

浜沿いには東シナ海の強い季節風が漂砂を吹き上げて、大砂丘が形成され、その背後は松林になっていた。私たちは昼間でも薄暗い松林の中を通って、浜に行き来していた。松林にはシャリンバイ、アキグミ、ノイバラ、ススキなどが生い茂った藪があり、野ウサギが生息していた。シメジやショウロなどのキノコも生えていた。その松林の松がすべて切り倒され、根っこも掘り起こされた。松の木と根っ子を燃やす煙が幾筋も立ちのぼり、浜風になびいていた。その様子を私たちは毎日学校から眺めていた。起伏に富んでいた大砂丘が、またたく間に平らにされた。松林と集落の間にあった畑と田んぼも、すべて飛行場にされた。滑走路進入の真下にあたる飛行場近くの家は立ち退きさせられた。その中の二家族がわが家のすぐ近くに引っ越してきた。

ところで、砂地では飛行場にはならない。そこで、東西二個所の裏山を切り崩し、膨大な山土がトロッコで運ばれた。トロッコの軌条は田畑を突っ切り、堤防沿いに飛行場まで敷設された。山を切り崩す様子や、次々とトロッコに積み込んで運び出す作業を、私は松林の高台から見ていた。毎日、多くの人たちが慌《あわただし》く働いていた。ある時は、町の中にある唐仁塚橋のたもとに見に行った。飛行場までは緩やかな下り勾配になっている。一台のトロッコを男の人が二人で押していたが、よく脱線した。小さな機関車がトロッコを数台連結してトコトコと牽いて走ることもあった。機関車が大変珍しくて、胸をどきどきさせながら見ていた。

母たちの作業は、トロッコで運ばれてきた山土の塊を鍬やスコップで小さく打ち砕き、モッコやカガイ籠に入れて運び、砂地の上に山土を敷き詰めることだった。同じ作業が毎日繰り返された。六年生の姉たちは学校から動員されて芝植えに行った。その後、二人一組で川の水を桶に汲んで運び、植えた芝に水かけを行った。

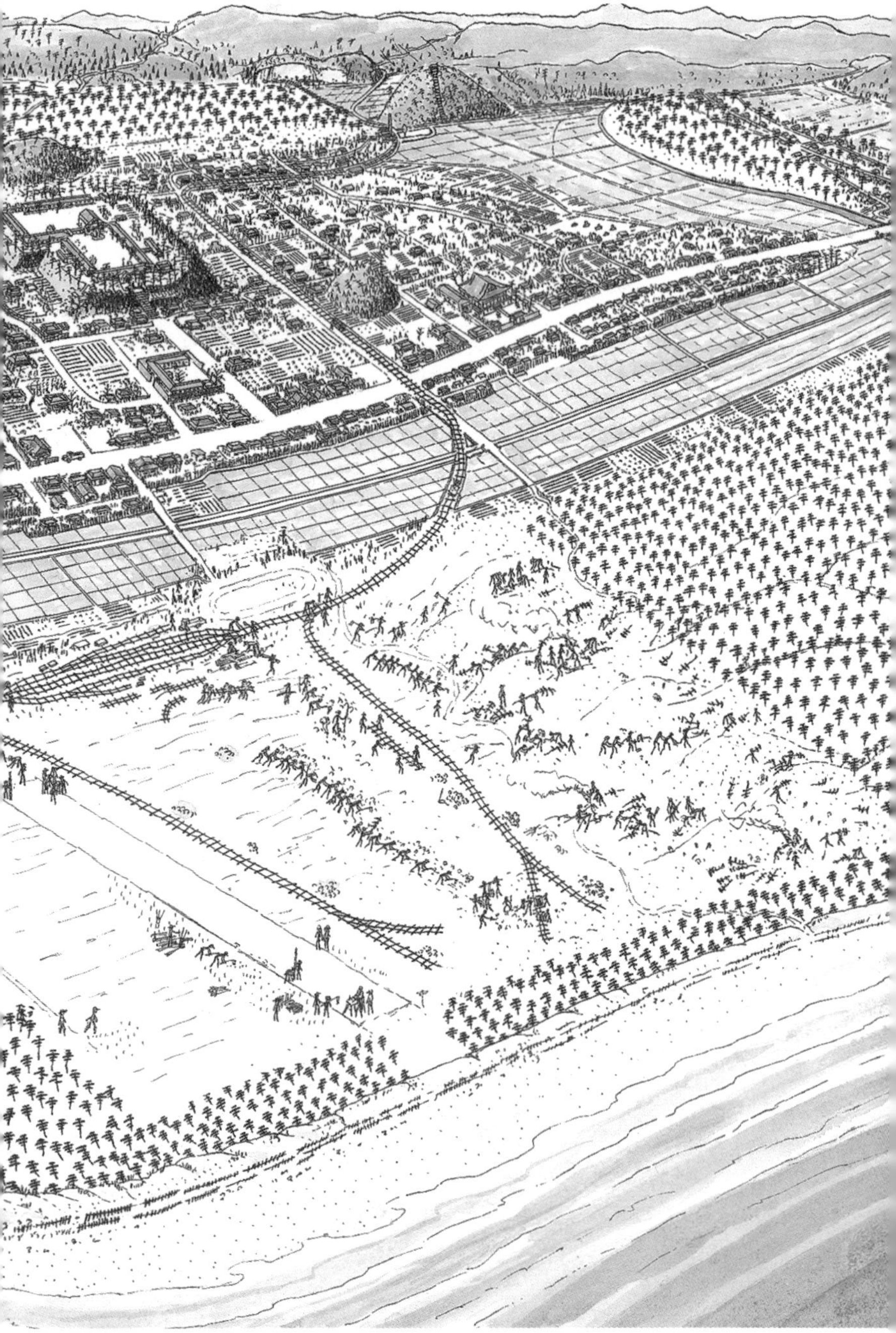

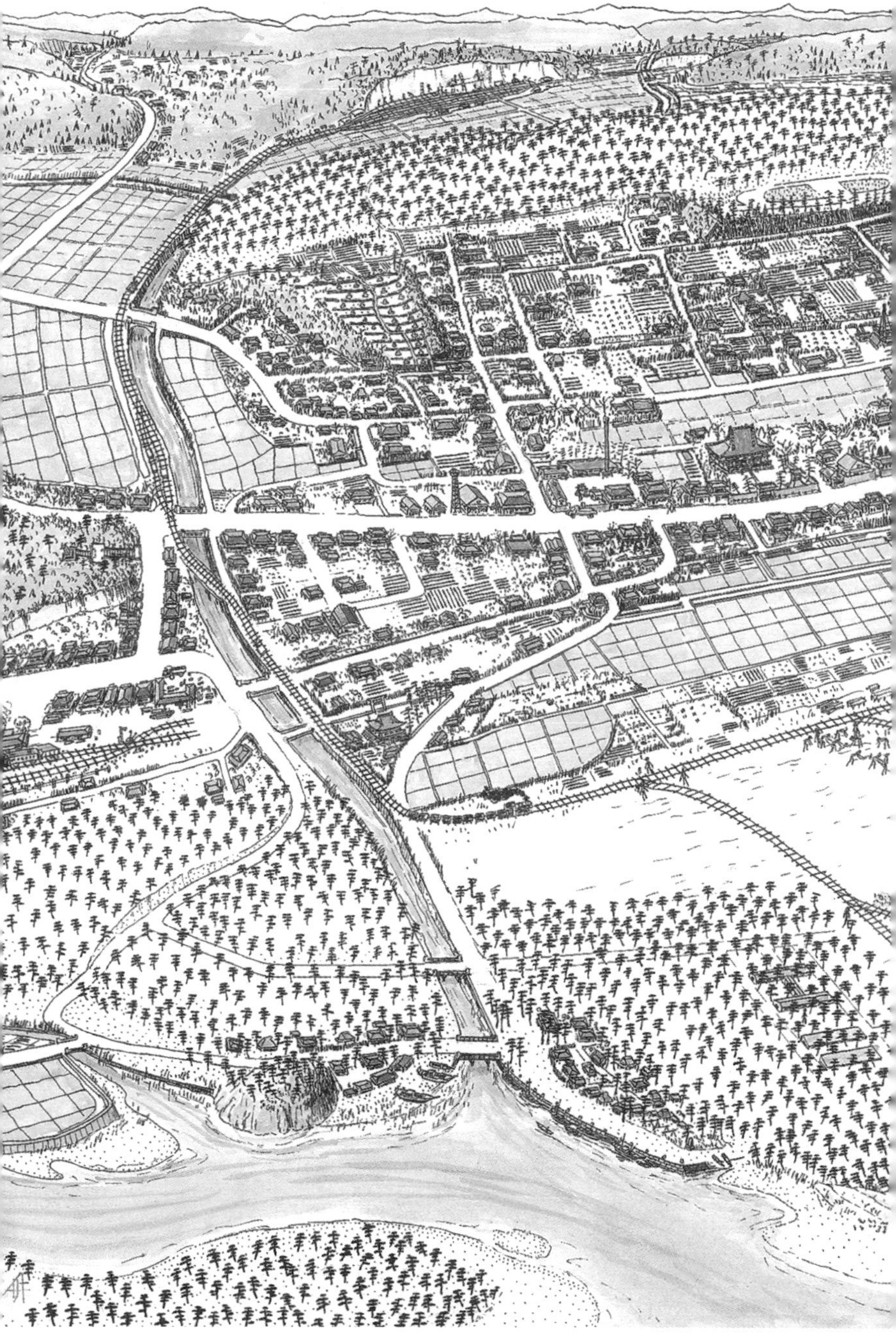

夏は強い日射しが砂を焼き付け、冬は寒い季節風が吹きつけ、砂ぼこりが巻き上がる苛酷な中で工事は続けられた。最も重要な「滑走路」は、軍部の監視下で行われた。父も動員され、左官職の父は滑走路造りに配属された。

「砂利も川砂も水もあるのに、セメントがないのでコンクリート打ちができない」と、父は嘆いていた。資材不足だったのである。仕方なく、砂を掘り下げ川砂利を敷き詰め、その上に山土を置き入念に突き固めた。地固めのロードローラーのない時代である。人海戦術で踏み固められたが、せっかく固めたのに雨が降るとすぐ凸凹になってしまった。

まだできやらぬその滑走路に、飛行機が離着陸するようになった。飛行機を初めて近くで見てきた母と姉は「大きかったよー。あんなに大きなものが空を飛ぶなんて……」と、驚きの様子を話してくれた。私たちは飛行機の爆音がすると、雄姿を見ようと学校の東側土手に駆け寄った。すぐ目の前を着陸態勢に入った飛行機が、ボトボトボトとエンジンを切った後の音を残して、まるで滑空するように着陸して行った。まだその頃は、爆音がしても日本の飛行機だけだった。

飛行場には三角兵舎、整備員兵舎、通信所、トーチカ、高射砲陣地、吹き流しなどが設置された。その周辺は警備が厳しくなり、奉仕隊の人たちはもう近づくことができなくなった。

翌、昭和二十（一九四五）年三月。その滑走路から特攻機が出撃するようになることを、人びとはまだ知らなかった。

4　示現流

示現流とは薩摩藩独特の剣術の一派。島津家の臣、瀬戸口肥前守の創めたものとされる。幕末維新の際、幕府側に「薩摩の初太刀を必ず外せ」と、恐れられた剣法である。「肉を切らせて骨を切る」という正しく必殺の剣で、一の太刀に勝負の全てをかける先手必勝の鋭い剣法といわれる。

二年生になると、私も毎朝、稽古に行った。道場は松林の中に造られて神聖視され、縄で囲まれ、いつも竹箒で掃き清められていた。その稽古は稽古場造りから始まる。朝、それぞれノコギリ、鉈、鎌などを持って集合し、みんなで蔵多山に登った。登り始めるときから、もう心が逸《はや》っていた。雑木林で直径五、六センチほどの真っ直ぐな樫の木を四十本ほど切り倒した。稽古の打ち込み台の横木にするもので、三メートルほどの長さに切り揃えた。続いて、自分用の木刀にする樫の木を選んで切り倒し枝を払った。自分に見合ったものを選んだが、上級生ほど太い木だった。

帰りは重い生木を担いで、みんな意気揚々と山道を駈け下った。早速打ち込み台作りに取りかかった。二メートル幅の左右に横木を載せる台を頑丈な棒杭で作り、その上に横木を十本ほど束にして渡すとできあがる。打ち込みの稽古は横木めがけて木刀を打ち下ろす。

突きの稽古場も作った。松の木に筵《むしろ》を巻いて縄でぐるぐると巻き付けた。

道場ができあがると、剣道師範のM先生から、剣道の心構え、極意の指導を受けた。

「二の太刀はいらん。最初の一撃で倒すのが示現流である」

「刀は敵を破るもので、自己を守るものではない」

「腰にグッと力を入れ、両腕の脇を固めろ」

みんなに気迫が伝わってきた。毎朝、まだ薄暗い朝五時に集合して稽古を行った。稽古は礼によって始まり、礼によって終わる、礼義を重んじるものだった。しかし、一旦木刀を取ったら互いに礼を行わない。これは敵に対する心境であると教わった。鉢巻をきりりと締めて、打ち込み台の前に二人直立して並ぶ。右膝を立て、左膝は地面に着いて構える。木刀を握った左手コブシを右肘内側にぴったり付けて、離れないようにする。

上級生の「始め！」の合図で稽古開始。

「エィイエィ」と、声を発しながら交互に打ち込む。

「声が小さい！」「気合が入っておらん！」「もっと強く叩け！」と、叱咤の声が飛ぶ。真上からだけでなく斜め打ちも行い、「やめ！」の合図があるまで打ち続けた。突きの稽古は、木刀を握りしめ中腰に構え、両腕の脇をグッと固める。

「突け！」の合図で、数メートル離れた所から「イエーィ」と叫び、走りかかり、体当たりする。順繰りに何回も行った。

鹿児島には「泣こかい、跳ぼかい、泣こよっかひっ跳べ」（泣こうか、跳ぼうか、泣くより思い切って跳んでしまえ）という言い伝えがある。稽古は単純だった。だが、他に術など必要ではなく、思い切りのよい決断と剛の精神を叩き込まれた。

5　戦《いくさ》んまね

子どもたちも戦意が高揚し、戦争ごっこをした。戦場は集落に隣接する大砂丘の松林だった。砂丘は起伏に富んでいたので、戦場にはもってこいの場所だった。同じ集落の子ども同士が東軍と西軍に分かれて、それぞれに陣地を築いて戦う。最上級生が指揮官で、すべての指揮を執った。

先ず陣地造りをした。砂丘の地形と大小様々な松の木を上手に組み合わせて、複雑な城を築くのが指揮官の腕の見せどころである。縄を鉄条網に見立てて、松の木から松の木へしっかり結びつけて城囲い

をした。城門は急斜面を選び、攻め込まれないように迷路にした。城造りの最中に偵察に来た敵軍を「追い返せ！」と、早くも小競り合いになった。城を築くだけで半日を要する念の入れようだった。できあがると、一旦家に帰って腹ごしらえをしてきた。
午後からいよいよ戦闘開始。戦いには決まりがあり、みんな厳守した。
刀は青竹で、タタミ半畳の長さ。最上級生は二刀差しで、敵の鉄条網を手で掴むことができる。他の兵隊は敵の鉄条網に触れると感電死（戦死）する。足の速い子は偵察と伝令役。木登り上手は高い松の木に登って見張りをした。合図と同時に、両軍とも指揮官が十数人を引き連れて城門を出て、ヤーイと気勢を上げて敵陣を攻めに行く。途中で出合ったら野戦になった。城囲いのあちらこちらで鉄条網を挟み互いに刀を振り回した。鉄条網を掴める指揮官は威力を発揮した。次第に白熱して、本気になって戦った。

切ったり、切られたりの攻防が続いた。その間、水も飲まず休憩もしなかった。怪我もした。みんな裸足なので刃傷ならぬ、大概は木の根っこに躓《つまづ》いて擦りむいた傷だった。傷には唾をペッと吹き付けて戦い続けた。

決着が付かないまま夕暮れになり、両者引き分けに終わることもあった。

戦い済んで日が暮れて……。終わった後は、みんな元の仲好しに戻り、肩を並べ足を引きずりながら家に帰った。

6 松脂採《まつやに》り

できたばかりの飛行場に飛行機が離着陸を繰り返していた。朱赤のライン入り「飛燕」を間近に見て、子どもたちの心は勇み立った。

「松脂は飛行機の燃料になる」と、教わった。松の木の瘤状《こぶ》になっている個所には松脂が凝結している。その部分を鉈で削り取り、空き缶に入れて燃やすと勢いよく燃えた。松明である。そのことから私は、松脂で飛行機は飛ぶものと信じ込んでいた。

松脂採りは、専ら国民学校の生徒たちが行った。町には大砂丘が数カ所あり、すべて黒松で覆われて

いた。生徒たちは、それぞれ家の近くにある松林に入り、われ先にと「自分の松」を決めた。私は学校の南にある家から五分ほどの松林の松を、六年生の姉と二人で十本ほど「所有！」していた。
採取方法は、始めに小刀で縦に幅二センチくらい皮を剥いで縦溝を作る。次にノコギリで縦溝の左右に、斜めの溝をV字型に作る。縦溝の一番下に竹筒を吊るして、わずかに滲み出る樹液を竹筒に溜めるのである。二、三日おきに、斜め溝を上に一本ずつ加えていく。その溝にまた樹液が滲み出て竹筒に溜まる。緊急を要する戦時下にあって、何ともまだるっこしい作業であった。私は毎日、何回も自分の松を見回わり、溜まり具合を確かめた。松林は起伏に富んでいた。見回るときは両手を飛行機の翼の

ように広げて、斜面を上ったり下ったり、斜めに走ったりした。もう操縦士の気分であった。

松脂が溜まると、喜び勇んで学校に持って行った。校舎の土間には瓶が幾つも並べてあって、みんなが持ってきてその中へ入れた。土間中に松脂の匂いが漂っていた。瓶はそのまま飛行場に運ばれて、飛行機の燃料になるものと思っていた。

私が採取した松林だけでも、おそらく数千本の松があったと思われる。根上がり松、曲がった松、大小さまざまな松の全部に竹筒が吊るされていた。大きな松には、裏側にも吊るしたものもあった。松に付けた傷痕は、戦後いつまでも残っていた。松林は私たちの遊び場だったので、松の木に登って遊ぶとき、皮肉にも傷痕が手掛かり足掛かりになって登りやすかった。

松脂は硬膏の原料、テレビン油、ワニスの製造、製紙、蝋燭、石鹸工業などに使用されることが、後年になってわかった。

7 出征兵士の見送り

わが町でも、あちらこちらで出征兵士の見送りが行われていた。軍隊在郷将兵召集のために出されたのが「召集令状」である。戦時における陸軍の召集令状は赤色だったため「赤紙」と呼ばれた。召集令状の表には「召集される者の名前」「配属される部隊名」「部隊に出頭する日時」などが記載されていて、裏面の最後には「理由なく召集に応ぜられなかった場合、罰金刑もしくは拘留」と記されて

47▶出征兵士の見送り

いたそうだ。

出征兵士の中には、まだ成人したばかりの若者もいれば、一家の大黒柱の人もいた。母たちは千人針を縫った。千人針とは、一片の布に女が赤糸で一針ずつ縫って千個の縫玉を作り、出征兵士の武運長久・安泰を祈願して贈るものであった。

わが家と親しくしている田原のおじさんにも召集令状が送られて来た。出征される朝、私も日の丸の小旗を持って見送りに行った。家の前には大勢の人が見送りに来ていた。田原のおじさんは、タスキ掛け姿で門を出て来られた。幟旗にも「田原啓二君」と書かれていた。

集落の区長さんか在郷軍人会の代表と思われる人が「啓二君は、このたび御国のためにめでたく出征の……」と、祝辞を述べた。目出度いはずはないのに……。

その後、啓二おじさんが挨拶をされた。記憶はないが、恐らく「日本国のために戦ってまいります」と、述べられたものと思われる。

続いて「万歳」を三唱した。

我が大君《おおぎみ》に召されたる
命榮《は》えある朝ぼらけ
讃《たた》えて送る一億の
歓呼は高く天を衝《つ》く

いざ征けつわもの日本《にっぽん》男児

この「出征兵士を送る歌」を、私たちはみんな歌えた。この歌を歌ったかは記憶にないが、みんなで行列を作り、駅まで見送った。私も付いて行った。駅には他にも出征兵士がいて、みんな「万歳!」を唱えていた。

集団で出征する日もあった。そのときは学校から先生に引率されて、薩摩万世駅に見送りに行った。駅前広場も待合室もホームも見送人でいっぱいだった。幟が立ち並び、「万歳!万歳!」の声でわき立っていた。私たちは日の丸の小旗を持って線路沿いの道に並んで見送った。

薩摩万世駅は始発駅だった。気笛が鳴り、駅を発車した汽車は蒸気を吐きながら、ゆっくり目の前を通過した。汽車の窓からみんな顔を出して手を振っていた。汽車はスピードを上げて東の方へ去って行った。出征兵士はどの部隊に配属され、どこの戦地に赴くのか知る由もなかった。

地図にも載っていないような薩摩半島の小さな駅からも、多くの人が出征して行った。そして再び郷里の駅に帰って来られない人もいたのである。私が見送った田原のおじさんも、まだ二歳と一歳の男の子を二人残したまま、帰って来なかった。

8　特攻隊員を見送った

昭和十九（一九四四）年の夏、サイパン島、グァム島などマリアナ諸島が陥落した。米軍の次の狙いは沖縄を占領し、続いて本土南九州進攻にあった。

昭和二十（一九四五）年三月二十六日から、沖縄戦が始まった。四月一日には米軍が沖縄本島に上陸し、戦況は熾烈を極めていた。本土最南に位置する鹿児島県の南端は、沖縄戦への特別攻撃隊の出撃基地となった。

特攻機は爆弾を搭載し機体もろとも敵艦に体当たりを決行して、必ず死ぬという壮絶極まりないものだった。隊員の多くは二十歳代の若者たちで、中にはわずか十七歳、十八歳の少年もいた。

貴様と俺とは　同期の桜
同じ兵学校の　庭に咲く
咲いた花なら　散るのは覚悟
みごと散りましょう　国のため……「同期の桜」

エンジンの音　轟々と

隼は征く　雲の果て
翼に輝く　日の丸と
胸に描きし　赤鷲の
印はわれらが　戦闘機……「加藤隼戦闘隊」

私たちは誰に教わるともなく覚えて歌った。特攻機となる飛行機ができたばかりの飛行場に、毎日離着陸していた。その様子を私は学校の土手の上から、ある時はわが家の屋根の上に登って見ていた。

昭和二十（一九四五）年三月二十八日。ついに町の飛行場から特攻機が出撃するようになった。私たちの万世国民学校では、幾たびも特攻隊員との別れの式が行われた。松と桜の木に囲まれた第一校庭に、私たちは緊張して整列した。国旗掲揚台に日の丸の旗が揚げられた。

正面の一際枝ぶりのよい松と桜の木の下に、特攻隊員が現れた。毎回七〜八人だった。横一列に並んだ特攻隊員たちには、名残の桜の花びらが舞い散っていた。

上官に紹介された隊員は一人ずつ朝礼台に立って、決別の挨拶をされた。短い挨拶だった。その内容はよくは憶えていないが「皇国のために一命を捧げ、明日出撃します」と、決意を述べたものと思う。

最前列に並んでいた私は、隊員とよく目が合った。口を一文字に結び、凛々しい姿だった。飛行帽、首に巻いた白い絹のマフラー、胸と腰のバックル、白い手袋、飛行靴、飛行服姿が格好いいなあと見ていた。

明日なき隊員の任務、悲壮な決意などが、よくは分かっていなかった。明日出撃して、敵艦を撃沈してくるのだと思っていた。ところが「その日までの命」だったのだ。当時八歳だったとはいえ、七十年を経た今でも胸が疼き、涙が滲む。

特攻隊のことについては、先生も大人の人たちも、誰も何も教えてくれなかった。みんな子どもたちには、教えることができなかったのだろう。

私たちは最後の見送りをするために、先回りして校門前の長い階段の両側に並んで待った。上級生の姉たちは長い階段を下りて、更に道路の先まで両側に並んでいた。校長室から出てきた隊員たちは、藤棚の長いトンネルを通って校門に現れた。折から見事に咲いていた藤の花を隊員たちはどんな思いで眺めたのであろうか。見送る人たちはみんな押し黙っていた。「万歳」を唱える人はいなかった。隊員たちは桜の小枝を手に持っていた。校庭の桜を誰かが手折って渡したのだ。

校門からは飛行場が一望できた。滑走路脇には吹き流しがたなびいていた。吹上浜にはいつものように白波が打ち寄せ、潮風が吹き上がってきた。その眺めはいつもと変わらぬ長閑な光景だった。

私たちは手作りの日の丸の小旗を千切れんばかりに打ち振った。隊員たちは敬礼をしながら、正面を向いて長い階段を下りて行った。隊員の姿が見えなくなるまで振り続けた。おなご先生たちは、みんなハンカチを目に当てておられた。

翌朝。まだ明けやらぬうちに、一機また一機と飛び立った。吹上浜の海に向かって離陸した特攻機は町の上空を旋回しながら最後の一機が離陸するのを待っていた。翼を大きく振る飛行機もあった。私は

53▶特攻隊員を見送った

その飛行機を家の庭から何回も見送った。編隊が整うと、万世の町に別れを告げて南の方向に飛んで行った。

祖国に別れを告げるときの胸中はどんなものだったのだろうか……。それからわずか二時間後には、沖縄の海に散華したのである。そして、再び戻ってくることは無かった。

当時、私たちは「♪さらばラバウルよ……」という「ラバウル小唄」を、「♪さらば万世よ　また来るまでは　しばし別れの涙がにじむ」と、替え歌にしてよく歌った。

また来ることも、しばしの別れなぞでも無かったのに。嗚呼。

※万世飛行場から飛び立った特攻隊員殉職者は、

三月　九名、四月　七十四名、五月　六十八名、六月　三十二名、七月　二名。

（苗村七郎著『よろづよに』オールジャーナル民芸閣　一九七四年刊より）

9　爆弾に乗って遊んだ

国民学校の運動場に続く松林が、特攻機の弾薬庫になっていた。特攻機が飛び立つようになって、爆弾を軍用トラックが次々と運んできた。その爆弾は運動場の東南の角にある大きな四本松の下に置かれた。板枠から取り出された爆弾は地面に三個一組、つまり二個置いてその上にもう一個乗せてあった。

そこは松林の入り口でもあり、松の木に登ったり相撲を取ったりして遊ぶ、私たちの集落の溜まり場であった。

爆弾は五百キロ爆弾、二百五十キロ爆弾、五十キロ爆弾と教わった。始めはとても怖かった。でも、まだ爆薬が装填されていないことが分かり、爆弾を飛び越えたり爆弾に馬乗りになったりして遊んだ。兵隊さんたちは何も言わなかった。

爆弾は鉄の塊だった。先端部分、胴体部分、後尾部分に分かれていて、後尾は細くなり羽が付いていた。それぞれの部分はボルトで何カ所もしっかり締めてあった。驚くべきことは、そこから僅か四十メートほど離れた所で爆薬の装填が行われていたことである。そこは民家の生け垣と松林の間にある狭い畑で、同級生のM君の家から僅か十数メートルの距離だった。テントが張られていたが、目隠しもされず防護壁もなく危険極まりなかった。私たちは怖いながらも、その様子を見たくて仕方がなかった。畑と松林の間にある細い道を通る振りをして、チラリと覗き見しながら駆け抜けた。それを何回も繰り返した。チラリとではあったが、先端部分を取り外してある様子が分かった。爆薬（？）は黄色い色をしていた。

五十キロ爆弾は、松林を百メートルほど入った砂丘の、緩やかな斜面に掘られた穴に入れてあった。幅三メートル、奥行き五メートル、深さ一・五メートルくらいのものが三カ所あった。砂丘地のため棒杭が何本も打ち込まれ、砂止めの板囲いがしてあった。屋根は藁葺の三角屋根で、入口には筵がぶら下げてあるだけだった。

その中に爆弾は真ん中の通路を挟んで、両側に幾段にも積み上げてあった。「立ち入り禁止」や「危険」などといった立て札はなかった。監視員もいなかった。爆弾が保管されているとは、とても思えないものだった。私たちはときどき覗きに行った。周辺を走り回って遊んだり、松脂採りをしたり、松露採りなどをした。

大人たちも両親も「危ないから近寄るな」とはいわなかった。その場所を知っているのは、もしかすると、私たちの集落の子どもたちだけだったのかも知れない。

爆薬を装填した二百五十キロ爆弾は、いつも夕方、軍用トラックに積み込まれた。爆薬が装填されていると思うと、さすがに怖くて、運動場の土手下から頭を出して見ていた。軍用トラックは運動場を半周して校舎脇の道路を下り、民家が立ち並ぶ二つの集落の中を通って飛行場に運ばれた。翌朝、特攻機はその爆弾を搭載して飛び立っていったのである。

10 退避訓練と退避

三年生になると、担任は若い男の先生に替わった。篠竹の鞭から蓬萊竹の棒になり、教室はピリピリとした空気に包まれた。

疎開してきた見知らぬ子がたくさんいた。六十人以上に増えて、教室は満杯状態になった。ほとんどが都会地から両親・祖父母、親戚の郷里を頼ってきた子だった。転校生の紹介などは無かった。

教室と廊下の窓ガラスには、新聞紙を細く切り縦横十文字、更に×状に目張りをした。爆弾の爆風でガラスが飛び散るのを防ぐためである。

飛行場を襲撃に来るグラマンは日増しに激しくなってきた。暑い中、私たちは綿入れの防空頭巾を持って登校した。もし通学路で空襲に遭ったときは、どこに身を伏せるかを決めていた。グラマンは南の山の方向から来るので、道路の南側の家や生け垣沿いに歩き、素早く生け垣の根元に体を伏せた。

校区民に「警戒警報」と「空襲警報」を発令するサイレンは学校の校門脇に作られた高いヤグラの上にあった。サイレンは突然、耳をつんざくように鳴り出す。勉強中いつ鳴り出すかと、いつもビクビクしていた。太陽が照り付ける校庭では婦人隊の人たちが竹槍の訓練を行っていた。「構え！」「突け！」

の号令が飛ぶと「ヤア！」「ヤア！」という掛け声と共に、一斉に突きの動作を繰り返していた。消火訓練のバケツリレーも行われていた。その光景を私たちは教室の窓から見て、ただならぬ気配を感じた。

私たちもいろいろな訓練を行った。炎天下の校庭で、「伏せろ！」の訓練を繰り返した。爆弾の爆風から咄嗟に身を守るための訓練である。「伏せろ！」の合図で地面に腹ばう。同時に左右それぞれの手の親指で耳穴を塞ぎ、四本の指で目をしっかり覆い隠して顔面を地面に付ける。砂が焼き付いて地面は猛烈に熱かった。訓練は非常に厳しく、みんな汗と砂まみれになって「伏せろ！」を繰り返した。

運動場の周囲には「蛸つぼ」が幾つも掘ってあった。運動場には隠れる場所がないため、機銃掃射から素早く身を守るためのものである。直径九十センチ、深さ一メートルほどの穴に子ども三人が入れた。訓練の中でも「退避壕」への避難訓練は最も大事で、毎日行われた。私たち三年生（三クラスあった）の退避壕は、校舎東側の高さ十メートルほどの土手下に「横溝」が掘ってあった。急斜面の土手には大きな松や樫の木などが生えていた。

授業中に先生の「警戒警報！」「空襲警報！」の合図で、防空頭巾を被り、一斉に教室を飛び出す。教室には二カ所、校舎には四カ所の出入り口があった。私たちにはそれぞれ出口と土手に向かう通路が決められていた。

女子は土手に斜めに作られた小道を駈け下りたが、男子は急勾配の土手を一気に駈け下りて退避壕に飛び込んだ。途中で転んでそのまま退避壕に転げ落ちた子もいた。横溝は幅一メートル、深さ一メートルほどだった。土手下は学校農園で芋畑になっていた。照り返しと草いきれで、横溝の中はむせ返って

いた。中にはトカゲ、ムカデ、カエル、ミミズ、バッタ、時には蛇が入り込んでいた。騒いだり、頭をもたげたりすると、先生から竹の棒で頭を叩かれた。訓練とはいえ、生徒を守るために先生は真剣そのものだった。

退避はすぐ現実のものとなった。警戒警報のサイレンに続いて、すぐ空襲警報に変わった。グラマンは一機で来ることは無かった。いつも二機か三機で飛来した。しかも波状的にやって来た。

飛行場を目がけて撃つ機銃弾は、私たちの頭上でダダーンと発射しながら通過した。横溝にぎゅうぎゅう詰めの状態で身を潜めて、警戒警報解除のサイレンが鳴るまで、身じろぎせずに待っていた。土手の木々では、蝉が何事も無かったように頻《しき》りに鳴いていた。

11 グラマンの襲撃

特攻機が出撃するようになると、すかさずグラマン（米軍の艦載戦闘機）が飛行場を襲撃に来た。グラマンは曇り日と雨の日以外は、ほぼ毎日のように来るようになった。飛行場と滑走路、周辺にある通信施設や三角兵舎、整備員兵舎などが狙われた。機銃掃射だったり爆弾投下だったりした。

私たちはグラマンと聞いただけで、体が震えるほど怖かった。南方のどの海域にいる空母から発進して来るのかは、知る由も無かった。薩摩半島には枕崎方面から侵入し、真っ直ぐ北上して町には超低空で飛来した。いつも空を見上げ、耳をそばだたせて警戒していた。警戒警報と空襲警報のサイレンが鳴る度に、恐怖におののいた。

警戒警報は三分連続で一回。空襲警報は初期の頃は、四秒鳴らしては八秒休止を十回。昭和二十（一九四五）年五月からは空襲の激化に伴い、四秒鳴らしては八秒休止を五回になった。空襲警報解除は一分連続。後に三分間となった。

飛行場周辺と山には、幾つか高射砲陣地があったらしいが、秘密にされていた。飛行場近くの新川集落の同級生林信也君は、家の防空壕に避難しているところを爆弾に直撃されて、家族全員が爆死した。その時、飛行場作業中の勤労奉仕隊員も十数人爆死した。

ある日、私は学校裏の丘で木に登って蝉捕りをしていた。するといきなり、ダダーンというものすごい機銃音がして、グラマンが二機頭上すれすれに通過した。サイレンは間に合わず、後から鳴り出した。私は木から滑り下りて一目散に家に逃げ帰り、防空壕に駆け込んだ。

「学校がやられたらしい」と、近所の人たちが大騒ぎしていた。「あれほど遊びに行くなと言っておいたのに！」と、母からひどく叱られた。その頃は警戒警報のサイレンが鳴ったら、直ぐ家の防空壕に駆け込める範囲で遊ぶように言われていたのだ。講堂に機銃の弾痕があるというので、翌早朝、恐る恐る見にいった。講堂は蝉捕りをしていたところから、四十メートルしか離れていなかった。弾は東階段を五、六段上がった所の板壁を鋭くえぐり、食い込んでいた。誰かが「破裂するかも知れん」と言った。

空襲は一層激しくなった。それまでは飛行場襲撃だったのが、民家にも機銃弾が撃ち込まれるようになった。同級生のU君は帰り道で機銃掃射に遭い、川に飛び込み危うく助かった。M君の家には、居間に機銃弾が撃ち込まれた。

教室での勉強はもう危険になり、学校裏の松林で勉強することになった。午前中だけ勉強して警報の合間にみんな走って帰った。松林からは飛行場がよく見えた。その日も松林で勉強している時、空襲警報のサイレンが鳴り出した。松の根元に身を寄せている私たちの真上をグラマンが三機通過した。その数秒後に、飛行場でドーン ドーン ドーンと、爆弾が破裂して、黒煙と白い砂が飛び散るのを見た。足がガタガタと震えた。機銃弾も怖かったが、爆弾はもっと怖かった。

その日を境に松林での勉強は打ち切られて、そのまま夏休みになった。夜間の灯火管制も厳しかった。夜は上空から目標を視認させないために、電灯を黒布で覆い、明かりが漏れないようにした。毎晩、薄暗い中で暑い夜を過ごした。夜に鳴る警戒警報のサイレンは、とても怖かった。

「今晩はもう寝てよか」と言われても、私は防空壕にすぐ駆け込める縁側で身構えていた。

12 家の防空壕

グラマンは三機編隊で波状的にやって来た。小学校や民家にも機銃が撃ち込まれるようになり、人び

とは戦々恐々の毎日だった。各家に防空壕を作るように「布令」が出された。わが家では玄関を出て、すぐに駈けこめる屋敷に作った。そこは庭と屋敷を区切るイヌマキの生け垣と、門口のある東側の道路沿いの生け垣に囲まれていた。その生け垣沿いにL字型のものを作った。防空壕は万一の場合に備えて、必ず出入り口を二個所設けなければならなかった。

地面に深さ二メートルほどの穴を掘った。砂地で崩れやすいため、棒杭を何本も打ち込み砂止めの板囲いをした。天井の部分には粗朶《そだ》を何本も渡し、その上に古畳とムシロを置いた。更に稲束を敷きつめて砂を盛り上げ、最後にトタンを被せた。できあがると警防団の人たちが検査に来て、入念に安全を確認していった。周囲にはキウり、カボチャ、トウキビなどを植えた。カボチャは防空壕を覆うように這わせた。トウキビはぐんぐん高く伸びて目隠し(?)になった。

警戒警報のサイレンが鳴る度に、私は真っ先に駈け込んだ。玄関先に用意しておいた防空頭巾を被り、カバンを背負って入った。教科書は最も大切なものと教わっていたからだ。警戒警報に続いて空襲警報が鳴ると、母たちも慌てて駆け込んで来た。警報のサイレンなしに不意に来ることもあり、これが一番怖かった。その日、私は門の前に立っていたら、不意に爆音がして目の前をグラマンが通過した。隣家の大きな榎の梢がザーッと揺れるほどの超低空だった。一瞬であったが操縦士の顔が見えた。飛行場に撃ち込む機銃弾は集落の上あたりで発射される。ダダダッと凄まじい音がする。

警防団の父は、家にはほとんどいなかった。祖母と叔母と母と姉の五人で防空壕の中で、警戒警報解除のサイレンが鳴るまで身を潜めていた。とても長く感じられた。日増しに防空壕に駈け込む回数が多くなった。

しばしば、家の上空で空中戦が行われた。母から絶対に見るなと言われていたが、怖々《こわごわ》防空壕から首を出して空を見上げた。眩しい空で二機の戦闘機が組み合うように、旋回したり上昇したり下降したりしていた。機銃音も怖かったが、急上昇するときのヒューンと唸るようなエンジン音は、とても不気味だった。空中戦の薬きょうが屋根瓦に落ちてきた。大きな音を立てて跳ね、庭の馬酔木の植木鉢に当たった。その時ばかりは身の縮む思いがした。

空中戦が行われたのは、始めの頃だけであった。特攻機は迎撃機ではなく、あくまでも大事な「特攻機」である。突貫工事で造られた誘導路を押されて、浜辺の飛行場から遠く離れた山裾に押していき隠されていた。そのため、もうグラマンの一方的な攻撃になった。

そんなある日、親戚や近所の人たちが手伝いに来て、屋敷の西側に大きな穴を掘り始めた。何をするのだろうかと見ていると、井戸端にあった小さな小屋が埋められた。鹿児島市がB29の焼夷弾による大空襲で、市街地のほとんどが消失したため、用心のためであったと思われる。

小屋の中にはタタミを敷いて、衣類や穀物を入れた大きな甕《かめ》などを保管した。入口は一カ所あるだけで、狭い階段を下りると中は真っ暗だった。物を取りにいかされると、昼間でも怖かった。

ところが、せっかく埋めたのに湧き水が溜まってしまった。溜まり水の汲み出しを手伝わされたが、終りには畳が濡れてしまい、何の役にも立たなかった。

13 共同防空壕

グラマンの空襲は激しくなるばかりで、もう家の防空壕では危なくなってきた。夏休みが繰り上げられて休みになると、毎日、家から一キロメートルほどの山裾にある共同防空壕へ避難した。警防団の父と母は家に残り、祖母・叔母・姉・私の四人は、グラマンが来ないうちにと、朝早く家を出た。共同防空壕には夕方までいるため、弁当（サツマイモ・たくあん・メザシ）、水筒、ゴザ、ムシロを持って行った。暑い中、防空頭巾を被り、急ぎ足だった。

隣の神村集落を通り過ぎると、唐仁塚川に架かる石造りの神村橋がある。橋から向こうは田んぼが広がり、一直線に道が延びている。もし、途中でグラマンが来たら隠れる場所は無い。最も緊張し警戒すべき所だった。橋のたもとにはメガホンを持った警防団の人が数人いて、グラマンが来ないかと山の方を見つめ、爆音に耳をそばだたせて警戒に当たっていた。

警防団の人が安全を確かめて「よし、行ってよか！」と、合図があると、私たちは田んぼ道を必死に走った。足がのろい祖母は、姉と私に「先に行け」と急き立てたが、四人は一緒に行動した。

田んぼ道を走り抜けて左に曲がると、木立に囲まれた民家が数軒あり、そこに辿り着くとほっとした。そこから坂道を登り、畑と雑木林の間を抜けると入口が見えた。入口にも警防団の人が数人いた。腕を大きく振り回しながら「早く、早く！」と急ぎ立てた。他所の集落からも、お年寄りや子どもたちが次々にやって来た。

壕は高いシラス台地の崖下に素掘りされていた。入口は狭かったが、中は幅も高さも一メートル七十センチ、奥行き十メートルくらいあった。入口は数メートル間隔で四カ所あり、中でそれぞれ繋がっていた。明かりなどはなかった。でも、しばらくすると目は暗闇に慣れた。

避難して来た人たちは、穴の両側にそれぞれゴザやムシロを敷いて、壁にもたれるように座っていた。みんな不安な気持ちを落ち着けるように、明るい入口の方を見ていた。入口では警防団員が、出入りして見守っていた。警戒警報と空襲警報のサイレンが、壕の中にも聞こえて来た。爆音と機銃弾の音も聞こえて来た。爆弾は遠くからドーンドーンと、地響きがした。みんな黙っていた。爆音が止むと、静ま

り返った壕に蝉の声が聞こえて来た。とても不思議な世界にいるような気がした。

便所は一番奥の穴の入口から数メートルの所に作ってあった。男の子たちは警防団員の許可をもらうと、入口を出てすぐ前の田んぼに向かって、ジャーと放尿した。「早くしろ！」と、急がされた。夕方になり爆音がしなくなると「今日は、もう帰ってよか」と、警防団の人に言われた。恐る恐る出て爆音を気にしながら帰った。神村橋の所には、まだ警防団の人たちはいた。

そんなある日、帰りの農道で薬莢を拾った。ポケットに入れて帰ると「そんな危ないものを拾ってくるな」と、母に叱られた。

ある朝、避難途中に神村橋の手前にある精米所の前に差し掛かったとき爆音がした。見上げると、胴体が二つある奇妙な飛行機が二機通過して行った。後でロッキードだと教わった。米軍には種々の飛行機があるものだなあと思った。その頃になると、爆音で飛行機の高度が分かるようになっていた。

14 B29

B29は、大型爆撃機で「超空の要塞」と呼ばれていた。私たちが教わっていたのは「グラマンの何倍も大きくて魔物の飛行機」「高い上空を何処までも飛び続けることができる」「たくさんの爆弾を積み、高い所から何処へでも投下できる」「日本の戦闘機はB29の高度まで上昇できない。高射砲も届かないので悠々と飛ぶ」と、恐怖心を煽《あお》るものばかりだった。

そのB29が、初めて町の上空を通過した日のことを忘れない。母親と姉の三人で野良仕事にいき、その帰り道のことである。とても暑い日だった。のどが渇き早く冷たい井戸水を飲みたくて、私はひとり先に川沿いの道を駆けていた。右手に広がる田んぼの上は飛行場の滑走路への進入路になっている。わずか百メートルの所を、日の丸の飛行機が二機着陸していった。私は安心しきっていた。ところが、背後の上空からそれまで聞いたことのないゴーゴーゴーと不気味な音が聞こえて来た。立ち止まり上空を見上げても眩しくて何も見えない。

「何だろう?」と、更に目を凝らすと、遥か上空にたくさんの機影が見えた。「あれが魔物のB29だ!」と、直感した。私は慌てて竹に覆われた川の中に隠れた。爆音はいっそう大きくなって頭上を通過した。

数十機の飛行機が編隊を組み、きれいに並んでいた。白い機体がキラキラと光った。

編隊はゴーゴーたる爆音を残して鹿児島市の方角へ飛んで行った。人声がしたので恐る恐る川から上がると、どこかのおじさんが二人いて「あれがB29だろうね」と、言っていた。母と姉は畑の土手下に隠れたそうだ。その日、多くの人が初めて目撃したのだった。B29は日本全土の空襲に猛威を振るった。北九州や他地域の主要な都市を攻撃するために、鹿児島は通過地点になっていた。それからは度々編隊が上空を通過するようになった。その度に人びとに不安と恐怖を与えた。各都市に爆弾を投下して甚大な被害をもたらした。グラマンとは異なり、上空を通過するだけで町に爆弾を落とすことは無かった。

でも、ゴーゴーと不気味な爆音を聞くと、怖さに変わりはなかった。

鹿児島市もしばしばB29の爆撃に遭っている。特に昭和二十（一九四五）年六月十七日の爆撃は悲惨を極めた。夜の十一時過ぎ、みんなの寝入りばなを百数十機の大編隊で襲来した。しかも、それまでの爆弾攻撃を変更して、深夜に全市を焼き払う焼夷弾作戦だった。焼夷弾は、焼夷剤（発火性の薬剤）を装填したもので、すぐ発火し火災を起こさせるものだった。

一時間以上に亘り波状的に投下を繰り返した。投下された焼夷弾は推定十三万個（『鹿児島市史』）で、鹿児島市内は火の海と化した。炎は一晩中燃え続け、焼け野原となった。

深夜、鹿児島市方面の夜空を真っ赤に焦がしていた。近所の人たちが道端に集まり大騒ぎになっていた。私は真っ赤になっている夜空を見てからだが震えた。

「鹿児島市は全滅だ」と口々に言い、みんな親戚や知り合いの安否を気遣っていた。

B29はやがて広島と長崎に新型爆弾（原子爆弾）を投下することになる。

※B29―A―BNスペック　アメリカのボーイングが製造した大型爆撃機
Boeing B-29 Superfortress（超空の要塞の意）
全幅＝四十三・一メートル、全長＝三十・二メートル、全高＝八・五メートル、
自重＝三十二・四トン、全備重量＝六十二・〇トン、最大速度＝五百七十六キロ、
航続距離＝六千六百キロメートル、上昇限度＝九千七百二十メートル、

最大爆弾搭載量＝九トン、乗員＝十名

15 兄・ユキオ（幸男）

長兄・ユキオは、八歳年上である。当時は学校を卒業すると、町のほとんどの人が大阪や東京などの都会に働きに行った。兄も尋常小學校の高等科を卒業すると十五歳で上京し、東京立川市の軍需工場に働きに行った。働きながら勉強できるということだったらしいが、戦争末期のことで勉強などできる状況ではなかったと思う。

戦争が激しくなる中で、家族はみんなユキオのことが心配でならなかった。母は「ユキオを東京に行かせなければよかった」と、大変後悔していた。郵便事情も極度に悪化していたのだろう、手紙やハガキのやり取りが困難な状況になっていた。母がユキオに手紙を出しても、ユキオからの返事は途切れがちになった。そして何カ月も手紙が来なくなってしまった。

東京はB29の度重なる爆撃で被害が増大し、ことに昭和二十（一九四五）年三月十日の東京大空襲で全滅した、と伝えられた。一方、万世の町は毎日のようにグラマンの襲撃があり、逃げ惑う中で母はユキオのことも心配しなければならなかった。

立川市には陸軍の飛行場があり、飛行場の隣接地には軍事施設や飛行機製造会社など、多くの軍需工場が集中していた。従って立川市は昭和二十年二月十六日以降、十三回に及ぶ空襲を受けて大きな被害を出し、犠牲者も多数出ている。

そのような時、ユキオと一緒に立川の軍需工場に働きに行った同級生の小川テツオさんが、空襲で死亡したという知らせがあった。ユキオの安否は分からず、母は気が狂わんばかりに心配していた。安否が分らないまま、終戦の日を迎えた。その後、依然として安否不明のまま、二カ月が経過した。

ところが、ある日の夜のことだった。何の知らせもなく、ユキオがひょっこり帰って来た。生きていたのだ！

母はユキオを抱きしめた。祖母も叔母も姉も、私も泣いた。

「姉《あね》さん（母の実姉）に、すぐ知らせてこい」と言われ、私は暗い夜道を走って知らせにいった。ユキオのことを親戚のみんなが心配していたからだ。

ユキオの持ち物は、袈裟がけのバッグが一つだけだった。中には着替えと板金の卒業證書だけが入っていた。ユキオの話では、働いていた工場にも爆弾が落ちて破壊され死傷者が多数出たが、自分は運よく助かったと言った。それでも会社は、帰りの汽車賃と弁当代を支給してくれたそうだ。

東京の終戦時の混乱ぶりは想像を絶するものだったろう。わずか十六歳のまだ少年の兄が郷里の鹿児島を目指して、たった一人で汽車を乗り継ぎ、幾日もかけてわが家に辿り着いたのだった。私は、兄がとても立派に思えた。

※ユキオがバッグの中に大事にして持ち帰った卒業證書

第二二五號
野崎　幸男　昭和四年三月十日 生
右者當廠技能者養成所養成工員科板金科ノ課程ヲ卒業セリ仍テ茲ニ之ヲ證セリ
昭和二十年三月二十日
立川陸軍航空廠長陸軍大佐 正五位勳三等　田邉収四郎
（ユキオは、十六歳だった）

16　終戦直前

〈貴金属の供出〉

武器生産に必要な金属資源の不足を補うために、自主的に貴金属の供出が求められた。軍属の人たちがリヤカーを牽いて家を一軒一軒回っていた。わが家にも来て、土間や台所、小屋などを見回して供出を求めた。

わが家には貴金属類は無かったが、日常使用するもので、二つ以上あるものは供出させられた。鉄鍋、羽釜、鉄瓶、フライパン、五徳、ハサミ、湯たんぽ、工具ではバール、金槌、鋸、スパナ、ペンチなどを正直に供出した。

農機具は大目に見てくれたが、それでも、鍬と鎌を供出させられた。箪笥の取っ手、蚊帳のつり手、仏具、花器、蔵の格子までも供出した家もあった。全国では学校の二宮金次郎像や寺の梵鐘なども供出させられた。

〈防火用水〉

空襲による火災を消し止めるために、私の集落にも防火用水が設置された。大きなものが二カ所、小さいものは道路脇に数カ所置かれた。大きいものは畑の中にコンクリート造りで、幅二メートル、長さ五メートルくらい、深さは百八十センチくらいで、水が満々と貯めてあった。小さいものは縦・横・深さ各一メートルくらいのコンクリート製のもので、道路の要所に置かれた。

わが家のすぐ近くの小さい防火用水では、母たちがバケツリレーで消火訓練をしていた。わが家の井戸からも水を運び入れたので、私も手伝った。幸いにも、防火用水は使用されることはなかった。戦後、防火用水は数年間そのままになっていた。大きい方には藻が発生し、水は緑色になりホテイアオイが繁殖していた。誰かが近くの池からホテイアオイを持ち込んだらしく、ギンヤンマがやって来ることもあった。

私たちは幅二十センチほどのコンクリートの淵に跨り、片方の足を水に入れてピシャピシャ水を跳ねて遊んだ。また、両手を拡げて縁の上を回ったりした。ある時は、モチノキの皮を剥いで縁の上に置いて金槌で砕き、水で晒《さら》してトリモチを作った。周囲に柵は無く、危険な場所であったが、落ちるドジな子はいなかった。小さい防火用水では、フナやメダカを飼ったりした。終りにはボウフラが涌いたので水を汲み出し、中に入って遊んだ。

〈蔵の白壁〉

白塗りの蔵や土蔵は目立ち、グラマンの標的になりやすい。そのため、コールタールを塗って真っ黒にして目立たなくした。まだら模様に塗った家もあった。わが家の小さい土蔵も黒く塗らされた。戦後いつまでも黒いままになっていた。

〈アメリカ軍機から撒かれたビラ〉

いよいよ終戦間際のこと。米軍機から数回ビラが撒かれた。情宣（情報宣伝）だったのだろう。恐らく戦局を正しく認識せよ、或いは降伏せよ、といったようなものだったろうか。今となっては知る由もない。

「ビラを拾っても絶対に読むな！　拾ったらすぐ学校か警察署に届けるように」と、厳しく言われた。二度目のビラ撒きの飛行機が高度で飛来した。町の上空を旋回しながら数カ所で撒いた。私は庭で恐る恐る見上げていた。撒かれたビラは散らばってヒラリヒラリと風に舞いながら、ゆっくりゆっくり落ちて来た。

飛行機が去った後、下ん（の）田んぼに落ちたので拾いに行った。田んぼに造られた誘導路と畦道で二枚拾った。白い紙に何やら印刷されていたが、読めず意味も分からなかった。その頃は藁半紙が主流で、薄茶色の紙だけしか知らなかったので、まず白い紙に驚いた。

母に見せると「すぐ学校に持って行くように」と言われた。走って持って行った。校門に先生と兵隊さんが立っておられて、「何処で拾ったか?」と訊かれた。「下ん田んぼ拾いました」、と答えると、きびしい顔をして、「よし」と言って受け取られた。

戦争末期で、日本国中がピリピリした空気に包まれていたのである。

17 民宿兵隊さん

昭和二十(一九四五)年四月。米軍が沖縄へ上陸して戦いは凄惨を極めていた。次は、薩摩半島で本土決戦と伝えられた。明日にも「カンポシャゲッ」があり、米軍が吹上浜から上陸して来るそうだと言われ、みんな右往左往していた。私は「カンポシャゲッ」がどんなものか分からなかった。後年「艦砲射撃」のことであることを知った。軍艦の大砲から発射されるもので、大変な破壊力があり、しかも次々に数百発も撃ち込んでくるそうだ。山向こうの隣町にある親戚の家に避難しても大砲は山を越えて届くので、もう何処へ逃げても助からないと言われた。

本土決戦に備えて、日本最南端に位置する鹿児島には、陸軍部隊が続々と送り込まれ、増強された。特に吹上浜沿岸と薩摩半島南岸には、守備陣地が密集して構築され、大量の部隊が配備された。当然、兵舎や三角兵舎だけでは収容しきれない。そこで、民家に数人ずつ分宿していた。

わが家の近所でも、大きな家に兵隊さんが分宿し、二軒東隣の八太郎おじさんの家には、八人ほどが寝泊まりしていた。毎朝、庭で行われる点呼の、一、二、三、四……という声が聞こえて来た。その様子を私は生け垣の隙間からそっと覗いた。

　初めて兵隊さんを見た時はとても怖かった。道端で見掛けると素早く隠れた。しかし兵隊さんたちは鉄砲や刀等は持っていなかったので、いつの間にか慣れた。兵営は家から二百メートルほどの所にあった。朝夕、二人の兵隊さんが飯盒を下げて家の前の道を行き来した。

　昼間兵隊さんたちは何処へ行っているのかは知らなかったが、毎日隊列を組み、スコップなどを担いでいる姿をよく見かけた。本土防衛のための塹壕を築いたり、共

同防空壕を掘ったり、誘導路を造ったりしていたのである。

誘導路は特攻機を山裾に隠すためのものであった。幾つもの集落の中を通り、田んぼや畑を突っ切る道路が突貫工事で造られた。わが家のすぐ近くの田んぼも埋め立てられたので、その工事を毎日見に行った。

数日後、まだ凸凹の誘導路を十数人の兵隊さんが飛行機を山裾の方へ押して行った。いつも早朝か夕方だった。「おーい、下ん田んぼを飛行機が通っど」と、友だちが教えてくれると走って見に行った。目の前で見る飛行機の大きいことに驚いた。私たちは「零戦だ」「飛燕だ」「零式戦闘機だ」と知る限りの名前を言い合った。夕方、飛行場の方へ押されて行く飛行機は、まぎれもなく、翌朝出撃する特攻機であった。

軍隊生活の規律は大変厳しいと聞かされていた。ところが、しばしばわが家に、こっそりとサツマイモをもらいに来た。必ず一人で来た。母はそっとカマドに招き、サツマイモとたくあんを用意し、時には屋敷からトマトやキュウリをもいできてあげていた。兵隊さんは宿へ持ち帰るわけにはいかないので、カマドに立って早食いした。ある日、一人の兵隊さんが食べている時、もう一人の兵隊さんが玄関に現れた。母は慌てて先の兵隊さんをカマドの裏口からそっと外に出した。ことなきを得たが終戦末期のことで、軍隊の食料事情も非常に厳しい状況にあったものと思われる。

八太郎おじさんの家に分宿の兵隊さんたちは、わが家に風呂（五右衛門風呂）をもらいにも来た。私は夕方になると井戸水を汲んで運び、風呂焚きを手伝った。風呂をもらいに来た兵隊さんたちに「感心な子だね。何年生？」と、よく訊ねられた。

兵役が四十五歳まで延長されたのは、昭和十八（一九四三）年のことである。年配の兵隊さんが多かった。今にして思えば、郷里に子どもたちを残して出征して来た人もいたのかも知れない。その頃になると、兵隊さんの顔をすっかり憶え、普通のおじさんに見えて親しみを覚えた。

その兵隊さんも、町に送り込まれていた大勢の兵隊さんたちも、八月十五日の終戦を境に、あっという間に町からいなくなった。

※米軍では、南九州進攻〈オリンピック作戦〉というのが決定していたそうだ。その作戦とは、米

軍を中心とする連合軍が立てた日本進攻作戦で、昭和二十年十一月一日決行が決まっていた。吹上浜、布志湾岸、宮崎海岸の三方面から同時に上陸して、一気に南九州を占領する考えだった。もし日本軍部が降伏の道を選ばずに本土決戦での徹底抗戦を選択しておれば、猛烈な空爆や艦砲射撃に見舞われただろう。さらに地上戦などで悲惨な結末を招いたのではないだろうか。何しろ、作戦に動員されるのは、三千隻の艦船、六千から七千機の航空機、車両十四万両で、総人員は八十一万五千人。沖縄進攻〈アイスバーグ作戦〉の五十四万八千人をはるかに上回る計画だったのだ。

18 終戦の日

昭和二十(一九四五)年八月十五日。お盆のその日も、私はいつものように朝早く共同防空壕へ行った。途中の神村橋のたもとには、いつものように警防団の人たちが警戒に当たっていた。途中墓地の脇を通る。お盆なのに昼間はグラマンを警戒し、朝早く墓参りする人たちと出くわした。

なぜかその日は警戒警報のサイレンも鳴らず、グラマンの襲撃もなかった。蝉の鳴き声が聞こえて来るだけで、防空壕の中は何時になく静かだった。前日の十四日も同じだった。

三時ごろには「今日は、もう帰ってよか」と、警防団の人に言われた。お盆だからだろうと思い、私たちはグラマンを警戒しながら家に帰った。

夕方、墓参りに行くと、墓地では線香の火と盆提灯の灯りが上空から視認されないようにと、警防団の父たちが警戒に当たっていた。

ところが、十五日は正午から、歴史に残る「玉音放送」（昭和天皇による終戦の詔書のラジオ報道）が行われていたのである。当時、ラジオのある家は僅かしかなかったので、ほとんどの人が重大放送を聞いていない。警防団の父も聞いていなかった。

その夜、父は遅く帰って来た。翌朝、父がいきなり「戦争は終わった」と、教えてくれた。そして「もう、共同防空壕へ行かなくてよか」と、言われた。八太郎おじさんの家からは、兵隊さんたちの点呼の声は聞こえて来なかった。

私にはなかなか実感できなかった。あれほど空襲におののき、逃げ回っていたので、今にもグラマンがやって来そうな気がして、暫くの間は恐怖心が消えなかった。国民学校三年生の私は、上級生たちのように軍国少年になるには、まだ幼な過ぎたのである。

空襲の心配が無くなると、今度は「アメリカの駐留軍がやって来る。どんな事をされるか分からない」と言われ、新たな不安が起きてきたのであった。

終戦直後 編

1　終戦直後の教室

戦争が終わった。もう、サイレンやグラマンにおののかなくてもよいのだ。みんな安心して登校してきた。そして二学期が始まった。

先生が優しくなっていた。生徒がまた増えていた。でも、爆弾で死んだ林信也君の姿は無かった。教室は満杯で、教壇の両側にも机が並べられた。机が足りず、いくつもの机をくっつけ、椅子は講堂用の長椅子を運んできて、数人掛けした。

戦時中は、大勢が一堂に集まることは危険だったため、朝礼は行われなくなっていた。でも、もう安心して毎朝、全生徒が第一校庭に集まり、朝礼が行われるようになった。校長先生が訓示の後、決まって「食糧増産に励もう」と、奨励された。食糧不足は最も深刻な問題だった。子どもたちも野良仕事の手伝いをするように、と言われ、みんなよく手伝いをした。

最初の日、教室の窓ガラスに貼ってあった、目張りの新聞紙剥ぎをした。濡れ雑巾でゴシゴシ擦っても、なかなか剥がれなかった。ガラスが割れて大騒ぎした。割れたガラスの補充はできないことをみんな知っていたからだ。

二日目にはクラス全員で、林信也君の墓参りに行った。林君の家は飛行場のすぐ近くにあり、防空壕に避難していたところに、グラマンが投下した爆弾の直撃を受け、家族全員が死亡した。その時、奉仕

隊の人たちも十数人亡くなった。墓は砂丘の松林の中にあった。私たちは家の庭に咲いた花をそれぞれ持っていき、墓標に供えて小さな手を合わせた。林君は八歳だった。

軍国主義教育から民主主義教育へと大改革になって、初めての授業が始まった。「明日は硯と筆を持ってきなさい」と言われた。よく語られる墨塗り教科書である。

入学した時から、教科書は最も大切なものと教わっていたのに「何ページの何行目から何行目までを塗りつぶしなさい。何ページの写真と絵を塗りつぶしなさい」と、指示された。私たちは訳が分からないままに、墨でべたべたと塗りつぶした。ざら紙の教科書は紙が波打ち反り返ってしまった。

都会地から転校して来た子は、教科書が違ったのか持っていなかったので、隣の子の教科書を見せてもらっていた。

学用品の不足も深刻だった。校区内にあるたった一軒の文房具店（吉留商店）には、鉛筆も消しゴムもノートも図画用紙も、全く無かった。

鉛筆は短くなったものを大事に使った。次第に短くなると心細かった。いよいよ短くなると、生け垣の蓬萊竹を切ってきて、鉛筆を差し込んでホルダー代わりにした。「鉛筆が短くなった」と母に言うと、「二、三日待つように」と言われ、何処からか手に入れてきた。その鉛筆も短いものだった。

消しゴムも深刻だった。四角い原形を止めていないどころか黒ずみ、しかも、ウサギの糞ころほどの大きさになるまで使った。床に転がり落ちると必死に探したものだ。とうとうなくなってしまったときは、右手の人差指に唾を付けて、書き間違えた個所を擦った。消えるわけがないのに、ついそうした。藁半紙の粗悪なノートはすぐ穴が空いてしまった。

クレヨンは姉と共用していたが、画用紙が無かったので、三年生のときは絵を描いた記憶が無い。習字紙もなかった。新聞紙に覚えたての「空」「海」などの文字を書いて練習した。

日本国中が打ちひしがれていた九月十七日に、超大型の台風（枕崎台風）が日本列島を直撃した。枕崎測候所の観測では、最大瞬間風速六十二・七メートルを記録している。全国で死者二千四百七十三人、行方不明者千二百八十三人と甚大な災害をもたらした。

みんなで一生懸命に目張りを剥がした教室の窓ガラスのほとんどが、激しい暴風雨で割れてしまった。窓ガラスの補充などできるはずも無かった。厚紙や新聞紙などで窓を塞いで、冬の寒さを凌《しの》いだ。

三年生の時は特攻隊員を見送り、グラマンの空襲に遭い、退避を繰り返す日々だったので、勉強をした記憶がほとんど無い。

……………………

〈主な出来事〉※三年生のとき

○米軍沖縄上陸　○ドイツ降伏　○沖縄ひめゆり部隊惨死　○広島原爆　○長崎原爆
○ポツダム宣言受諾　○玉音放送＝終戦　○降伏調印　○教科書の墨塗り
○集団疎開の学童に帰校命令　○男女同権　○軍国主義教育の禁止　○農地改革を指令
○天皇人間宣言

2　鉄兜と防毒面

三年生の二学期が始まって間もない時のことである。残暑の厳しい日であった。私たちは先生に引率されて飛行場に軍需品をもらいに行った。戦時中は立ち入ることのできなかった飛行場に、一列に並んで緊張して入った。

飛行場の東側に飛行機が七、八機あった。両翼の車輪と後尾の小さな車輪がもぎ取られて、前のめりになっているものや、片方の翼が跳ね上がり、片方は地面にへし折れているものなど、見るも無残な姿になっていた。なぜか一機は唐仁塚川の洲に、突き落とされていた。ほとんどの飛行機はプロペラが折り曲がっていた。操縦席の計器類は壊され、風防ガラスは無くなっていた。かつての雄姿の余りにもの変わりように大きな衝撃を受けた。それらの飛行機は、部品の調達ができず、整備不良のため飛び立つことができなかったらしい。

地面には、もうススキや雑草が生

い茂っていた。また、爆弾のささくれ立った破片が無数に飛び散り、地面に鋭く突き刺っていた。みんな裸足だった。破片に注意しながら飛行機の翼の下をくぐり抜けて、一番奥まった三角兵舎に辿り着いた。三角兵舎は幾つもあった。その向こうの浜寄りには爆弾穴もあった。

鉄兜と防毒面が無造作に山のように積み上げられていた。私たちは神妙な顔をして、大人から鉄兜と防毒面を一個ずつもらった。すべて国防色（カーキ色）だった。鉄兜は見たことはあったが、防毒面は初めて見た。奇妙な形をしていてとても気味が悪かった。目・鼻・口をすっぽり覆い、目の部分は丸い大きなガラスがはめ込んであった。口の部分から直径五センチくらいの長い伸縮管が伸びていて、その先端には弁当箱のような解毒缶が付いていた。何に使うものなのか、全く判らなかった。ただ渡されるままにもらった。帰り道、ぶかぶかの鉄兜を被ったり、奇妙な防毒面を被ったりしておどけたら、先生に叱られた。

それにしても、三年生の私たちにまで防毒面をくれるとは、考えられないことであった。

薩摩半島で本土決戦と言われ、数万人の本土防衛隊が結集していた。そのためたくさんの軍需品が持ち込まれていたものと思われる。持ち帰った防毒面は、しばらく小屋の柱に掛けておいたが、見つめられているようで、夕方になると怖かった。やがて、ガラスをくり抜いて取り出した。何に使うという当ても無かったが、円い二枚のガラスは私の宝物になった。

鉄兜には針金の取手を付けて、鍋代わりにした。戦時中に、鍋も羽釜も供出したため、家には一つしかなかったので、煮炊きするのに大変役に立った。

一方、父は軍隊毛布二枚と軍靴一足を手に入れてきた。カーキ色の毛布の片隅に、黒の★マークが入っていた。私は毛布でオーバーを作ってもらったが、黒く染めてオーバーを作るのが流行った。

当時、飛行機の部品は子どもたちの間で大変人気があり、みんなが欲しがった。馬蹄形状の強力な磁石を持っている生徒がいて、教室でコンパスや肥後守を吸い付けて自慢した。風防ガラスの破片を持っている生徒もいた。硬い柱や机の縁などに擦り付けると香ばしい匂いがした。その破片もみんなが欲しがった。

3　四年生（昭和二十一年四月〜二十二年三月）

終戦の翌年に四年生になったが、まだ国民学校のままであった。クラスの編成が新しい試みとして、「い組」は男子だけの組、「ろ組」は男女組、「は組」は女子だけの組となった。私は男子だけの「い組」で、男の先生だった。

竹の棒で叩かれることは無くなった。その代わりに宿題を忘れると、黒板の前に立って「黒板さん黒板さん、宿題を忘れてきました」と、大きな声で言って自分で黒板におでこをゴツンとぶつけさせられた。それも民主主義教育への変化の一つだったのだろうか。

新しい教科書が配られた。薄っぺらの藁半紙製だった。しかも、算数は一枚の紙に印刷されたものを数枚もらい、自分で切り離し、折り畳み、糊付けして綴った。それに姉が表紙を付けてくれた。

教室には、中国、満州、台湾、北朝鮮、アメリカなどから引き揚げて来た子がいて、また人数が増えていた。恐らく大変な思いをして帰国して来たと思われるが、みんな何も話さなかった。言葉の障壁、生活・風習の違いなどに戸惑いもあっただろうが、いつの間にか同化して仲好しになった。アメリカから引き揚げてきたN君は黄色い長い鉛筆（USA製？）を数本持っていた。しかも、消しゴムが付いていたので驚いた。

戦死した人の遺骨が還り、あちらこちらで葬式が行われた。クラスの中にも父親や兄が戦死したため忌引する子がいた。

町の人たちがあれほど恐れていた進駐軍は、ジープに乗って町の目抜き通りを通過するだけで、心配することは無かった。薩摩半島西南端の野間池に米軍の無線基地があり、その基地へ行き来していた。私も数回見掛けた。四輪駆動のジープに二、三人乗って砂利道を、かなりのスピードで土埃を上げながら通って行った。

私たちは覚えたての英語を連発した。「ハロー、サンキュウ、オオケイ、イェース、ノー、グッドバイ」など単語だけだったが「アイ・ラブ・ユー」も覚えた。

奉安殿が壊された。戦時中、登校すると毎朝必ず直立して最敬礼をした奉安殿。戦争が終わったら、もう最敬礼をする必要は無くなり、いつの間にか意識しないで、その前を通っていた。ある日曜日に大人たちが集まり、奉安殿が処分された。後ろ側に大きな穴を掘り、建物にロープを掛け大勢で引き倒し、穴の中に埋められた。その上に、こんもりと土を盛り上げ、すかさず用意してあった、松の木数本と蘇鉄とツツジが数株植えられた。

私はその様子を校門脇の築山の上から最後まで見ていた。おそらく大人たちは複雑な心境だったと思われるが、私たちはためらいも無く、その上を走り回って遊んだ。大人になってから、見てはならないものを見てしまった、と感じるようになった。

初めての汽車遠足があり、枕崎へ行った。薩摩万世駅から枕崎駅まで、およそ二十キロメートル。そんなに遠くまで汽車に乗るのは初めてだった。終戦からわずか一年。団体用に余分な客車などあるはず

もなく、全員貨車に乗って行った。男子生徒は無蓋貨車（屋根のない貨車）、女子生徒は有蓋貨車で、左右の扉を開いて、その部分には生徒が落ちないように頑丈な角材が数本括り付けてあった。ぎゅうぎゅう詰めの貨車の中で、ワイワイガヤガヤ。初めて見る車窓風景にみんなの心は踊っていた。

　最初に小さな丘の上にある測候所を見学した。前年の枕崎台風で建物は倒壊していて、台風の凄まじさを物語っていた。続いてカツオ漁で名高い枕崎港を見に行った。大漁旗をはためかせた大きな船に驚いた。水揚げされたばかりのカツオが木箱に入れられ、リヤカーで次々に何処かへ運ばれて行った。戦争が終わってまだ一年なのに活気に溢れていた。

　弁当は枕崎のシンボル「立神岩」を目の

金峰山（636m）に登ったとき

前に仰ぎながら食べた。高さ四十二メートルの岩で、岬の沖に天を指差すように屹立している。

「立神岩から東側が太平洋で、西側が東シナ海」と、先生が説明されたのを覚えている。

帰りもまた、貨車に乗せられて帰った。

〈昭和廿一年度　萬世國民學校・初等科第四學年の「教科目」〉

國民科（公民・國語・國史・地理）

理數科（算數・理科）

体錬科（体操）

藝能科（音樂・習字・圖書・工作・家事・裁縫）

實業科（農業）

〈主な出来事〉※四年生のとき
○新選挙法による総選挙　○第一次吉田内閣成立　○国民学校旧教科書禁止
○教育勅語奉読廃止　○主食配給二合五勺に増える　○憲法公布　○当用漢字発表
○現代かなづかい決定

4　飛行場は畑になった

飛行場は滑走路だけが残されて畑にされた。終戦からわずか一年余のことで、私が四年生の時だった。国を挙げて食糧増産が叫ばれていたので、素早く対応したものと思われる。真っ先に海岸沿いにおよそ二百メートル幅に、防風林のための黒松が植えられた。畑は東西南北に一町歩ごと碁盤目状に区画された。区画と区画の間には幅五メートルほどの道が造られて、道路沿いにも黒松が植えられた。浜からの漂砂を防ぐためでもあった。

わが家は最も西側区画の五畝を払い下げてもらった。姉たちが勤労奉仕で芝張りをしたはずの飛行場には、ススキ・カヤ・ノイバラ、シダ、ヨモギなどの雑草が生い茂り、もう草藪になっていた。

夏草や　兵どもが　夢の跡（松尾芭蕉）

畑にするためには、その雑草を切り払い、根っ子を掘り起こすことから始めなければならなかった。

如何に急造の飛行場とはいえ、山から運ばれてきた山土の塊がごろごろと転がっていた。山土の塊を唐鍬で細かく砕いて砂と混ぜ合わせた。硬くて砕けない塊は、隣との境界線上に積み上げた。私は学校から帰ると毎日そこへ行き、作業を手伝った。町の人たちは、その作業を開墾と呼んでいた。

残暑の厳しい時から季節風が吹きつける頃まで掛かった。子どもながらにも、日本再建に尽くしているのだとの思いがあり、少しも辛くはなかった。それに山裾にある畑は先祖からのものであったが、こちらは自分も開墾に携わっている喜びがあった。町の人たちは、畑の名前を「飛行場跡」と呼んだ。

鹿児島では二毛作ができる。開墾した畑には、主にサツマイモ、麦、そのほかジャガイモ、ラッキョウを植えた。

サツマイモは痩せ地でも砂地にも育つ逞《たくま》しい作物である。ただ、畝作りのときカマボコ型に盛り上げた砂が崩れてしまうので、みんな苦労した。周辺には日陰になるものがないため、炎天下での草取りは辛かった。その代わり、浜風が絶えず吹いていた。麦は寒風の吹く中で種播きをした。一月、二月の麦踏みは浜からの寒風を背にしながら行ったが、山裾の畑のように霜柱が立つようなことはなかった。

日が傾くと山裾の畑は急に寂しくなるのに比べ、飛行場跡の畑は夕暮れまで作業ができた。遅くまで手伝った日は、良いことをしたような気持ちになって帰りは足取りも軽かった。夕日が大空を赤く染めて東シナ海に沈んでいく。荘厳な光景を見ながら家路を急いだ。

春。頭上ではヒバリがうるさいほどに囀《さえず》っていた。草取りをしながらヒバリが気になり、草むらで巣探しをした。ヒバリは飛び立つときは比較的に巣の近くから飛び立ち、下りるときは巣からかなり離れた所に下りて、巣まで歩いて行くと言われていた。そのため、なかなか巣を見付けることができなかった。

畑から浜までは三分ほどで行けた。家を出るとき貝掘りの道具も用意してきた。町の人たちは、その日の引き潮の時刻を知っていた。草取りをしていて潮が引き始める頃になると、私は貝掘りに行かされた。草取りよりも楽しく、しかも、家族の夕食のおかずになるため意気込んで貝掘りをした。

ときどき、滑走路に米軍の飛行機（グラマン）が着陸した。戦時中、あれほどに怖かったグラマンだったが、もう怖がることはなかった。着陸すると走って見に行った。しばらくすると、いつもジープが二台やって来て、グラマンから降ろされた物資を積み込んだ。

やがてグラマンが飛び立つのを、どきどきしながら見ていた。物凄いエンジン音をさせながら海の方に向かって離陸した。ジープは飛び立つのを見届けると去って行った。野間池にある駐留軍の無線基地に物資を運ぶためのようだった。

5　着陸に失敗した飛行機

飛行場跡地の畑の手伝いは、時々着陸する米軍機を見る楽しみがあった。夏休みになって間もない日のことである。その日も私は家族と一緒に、畑の草取りをしていると一機着陸した。一時間ほど経っても飛び立たなかった。見に行きたかったが、そのまま草取りを続けていた。すると、またもう一機やって来た。ところが、着陸しないで滑走路の上を通過して行った。どうしたのだろうと思っていると、今度は東の方向からやって来て頭上すれすれに通過した。驚いて咄嗟に体を地面に伏せた。今度は滑走路付近に何かやススキなどがザーッと揺れた。飛行機は大きく旋回して、またやって来た。今度は滑走路付近に何かを落としていった。何かが起こったようだ。

畑で仕事をしていたおじさんたちが、何か言いながら滑走路の方へ走って行った。母に止められたが私も後を追った。朝、着陸したはずの飛行機が滑走路の入口付近に不時着していた。進入路とは反対方向を向いて、左翼の車輪がなくなっていた。左翼の先端は地面に食い込み、右翼は高く跳ね上がっていたので驚いた。滑走路手前のサツマイモ畑に誤って着地したため車輪が外れ、そのままの勢いでサツマイモ畑と滑走路の地面をえぐりながら、向きが変わったらしい。

すでにジープが二台来ていて、七、八人の米兵が飛行機を取り囲み破損状態を調べていた。畑で働いていた人たちが次々に集まって来た。みんな男の人たちで遠巻きにして見ていた。私はいつでも逃げられる態勢で見ていた。米兵たちは私たちには目もくれず、何も言わなかった。

そこへ、滑走路の北端（浜辺）からも米兵が六人やって来た。六人とも半ズボン姿で、二人は上半身裸だった。これほど近くで多くのアメリカ兵を見たのは初めてだった。毛むくじゃらでサングラスをかけている米兵は怖かった。「野間池からボートでやって来たらしい」と、おじさんたちが言っていた。

対応手順が決まったらしく、ジープから工具が下ろされ、機体から燃料の抜き取りを始めた。四角い一斗缶のようなものが幾つも並べられて、その中に燃料が入れられた。その時だった。一人の米兵が私たちに向かって、何やら大声で叫んだ。驚いて私たちは後ずさりした。

おそらく「タバコを吸うな！」と言ったのだと思う。おじさんの一人がキセルでタバコを吸い始めたからである。

抜き取りが終わると、今度はつんのめっている左翼の中から機銃弾の取り出しを始めた。機銃弾は細長い帯状の弾倉に連なっていて、米兵の一人がぞろぞろと引き出して肩に担ぎ、二人目の米兵も肩に担いで地面に下ろした。ガラガラと翼を擦る金属音がした。何百発という機銃弾が繋がっていたと思う。さすがに怖くなり、みんなその場から遠ざかった。

跳ね上がった右翼からも同じようにガラガラと取り出したのを、翼の下で受け取っていた。機銃弾は毛布のようなものに包んでジープに載せられた。戦争が終って二年が経っているのに、まだ機銃弾を装備していたことに驚いた。数日後、飛行機を見に行ったら、もう無かった。

6 特異な体験

〈爆弾の穴〉

戦時中に学校裏の松林から、飛行場に落された爆弾の破裂を見たときは体が震えた。それなのに、もう忘れかけていた。ところが、滑走路付近には、まだ爆弾穴が埋められずに幾つも残っていた。浜辺に近い所だった。その場所は子どもたちの間では秘密の場所になっていて、私は友だち四、五人で、こっそり遊びに行った。

飛行場が造られた時、大砂丘は平らにされたのに、爆弾の炸裂で周辺は砂が大きく盛り上り、爆弾の凄まじさを物語っていた。爆弾穴は直径五メートルほどのすり鉢状で、水が溜まり、もう藻が生えて水は緑色に変色していた。真ん中付近は、かなり深かった。砂地のため、その縁は蟻地獄のように砂がザラザラと崩れて、足を取られそうになった。穴には戸板や板切れ竹竿などが投げ込まれて浮いていた。私たちは戸板を引き寄せて一人が乗り、戸板を勢いよく押してもらった。竹竿で漕いで向こうの縁に辿り着くまでのスリルを味わった。戸板はバランスが取りにくく、しかも、途中で浸水して脛まで浸かってしまった。何とか辿り着いて跳び下りる時も、砂に足を取られそうになった。大変危険な遊びだった。それでも数回行った。

別の穴には、飛行機の補助タンク（ジュラルミン製）が沈んでいた。補助タンクは一部分をカヌーのようにくり抜いてあった。水中から引き上げて水を汲み出し、それに跨って向こう縁まで行こうと試みた。ところが、真ん中付近で補助タンクがクルクルと回ってしまい沈み掛けた。必死にしがみついて、やっとの思いで辿り着いた。

今、その周辺は県立吹上浜海浜公園となり、運動公園、キャンプ場などに変わり、人びとの憩いの場所になっている。

〈飛行機の上から釣りをした〉

終戦と同時に打ち壊された飛行機は、いつの間にか飛行場から姿を消していた。ところが、一機だけ

飛行場脇を流れる唐仁塚川の洲に、いつまでも放置されていた。墜落したのではなく、終戦の混乱時に誰かが突き落としたのだと思う。そこは飛行場造りのとき立ち退きさせられて、わが家の近くに引っ越してきたN兄弟の宅地跡のすぐ近くだった。

私はN兄弟と一緒に宅地跡に行き、周辺の田んぼで「かいぼり」をしてフナやウナギなどを獲って遊んだ。

私たちの目当ては飛行機に乗って遊ぶことだった。操縦席の計器類は壊されていたが、操縦桿はそのまま残っていた。代わるがわる操縦席に乗り込み、操縦桿をガチャガチャと動かした。また、胴体に馬乗りになったり、尾翼の方向舵をゴトゴト動かしたりした。更には、翼の上に腰掛けて、釣り糸を垂らし魚釣りをした。

かつては大空を飛んでいた飛行機である。何という心無いことをしてしまったかと、七十年経た今でも心が痛む。

7 サイレン時報

戦時中、警戒警報と空襲警報の度に、けたたましく鳴り出し、恐怖に陥れたサイレン。終戦後はぴたりと止み、人々はほっとした気持ちになっていた。翌年になると、今度は校区民に「時報」を知らせるために鳴らされるようになった。

初めのうちは条件反射で、びくりとした。サイレンは高台にある小学校にあり、校区中に鳴り響いた。当時はラジオのある家はほとんど無く、時刻を知るには柱時計が頼りだった。その柱時計も故障しがちで、無い家さえあった。従ってサイレンが告げる時報は校区民にとって、毎日の生活に欠かせないものになった。

午前中は、七時と十時。正午。午後は、三時と五時。夜は、九時と決められていた。

朝の七時のサイレンは「おはよう。きょうも、きばいやんせ」

十時と三時のサイレンは「お茶にして、一息入れやんせ」

正午のサイレンは「お昼ごわんどー」

五時のサイレンは「きょうは、おやっとさまでしたー」

夜九時のサイレンは「もう、九時ごわんどー」

校区民を、励ましたり、和ませたり、労わったりしているように響いた。

わが家には柱時計と懐中時計があった。懐中時計は父が何かの記念品としてもらったものらしいが、使用しないで箪笥の引出しに大切に仕舞ってあった。柱時計は床の間の柱に掛けてあり、チクタクチクタクと時を刻み続け、時刻の数だけボーンボーンと鳴った。時刻合わせは私の役目だった。数日ごとにネジを巻き、サイレンが鳴ると踏み台に乗って時計の針を合わせた。

当時は腕時計を持っている人はいなかった。田畑や戸外で働く人たちは、サイレンの時報に合わせて、その日の作業を行っていた。二キロも離れているわが家の山裾の畑にも、裏山の谷間にもよく聞こえた。野良の畑で草取りの手伝いをしていると「そろそろ昼（正午）のサイレンが鳴る頃だ。それまでできばろう」などと言われたものである。

秋から冬の三時に鳴るサイレンは特に貴重だった。秋の日は短く、すぐ暮れてしまう。三時のサイレンが鳴ると、みんな急いで帰り支度をした。子どもたちは裏山で遊びに夢中になっていても、三時のサイレンだけは聞き漏らすことは無かった。サイレンが鳴ると、まだ遊びたくても友だちと顔を見合わせて「もう戻ろう」と、山道を駈け下った。

夜九時のサイレンは、一日の終わりを告げるように侘《わび》しいものだった。私はいつも寝床の中で聞いていた。

8 DDT・回虫・蚤・蚊

〈DDT〉

シラミによって媒介される発疹チフスが全国に蔓延していた。女の子はみんなオカッパ頭だったが、その頭にシラミが大繁殖していた。全員坊主頭の男の子たちは、痒《かゆ》がって頭を掻《か》いている女の子を見て「シラミ踊りをしている」と、からかった。

シラミを駆除するために、度々DDTの散布が行われた。女の子たちは校舎脇の校庭に一列に並び、一人ずつ先生から髪の毛の中に、噴霧器でDDTの粉末を散布された。ついでに襟首や下着の中にも散布された。周辺に白い粉末と嫌な臭いが漂った。

男の子たちは面白がって見ていたが、その日の教室は嫌な臭いと白い粉末が振り撒かれるのでとても不快だった。姉が散布された日は、家の中にも嫌な粉末と臭いが漂った。

〈回虫〉

子どもの半数が回虫の保有者だったそうだ。学校ではしばしば検便が行われた。その日は便をマッチ箱や蛤の貝殻に入れて持って行った。教室中に異様な臭気が漂った。

回虫駆除のため学校で、海人草やサントニンなどの煎じ薬を飲まされた。苦かったが、みんな我慢し

て飲んだ。なぜか、月初めに飲むとよく効くと言われていて、月初めに飲まされた。家ではゲンノショウコ（現の証拠）を煎じて飲まされた。ゲンノショウコは多年草で、畑の土手や農道脇などに自生していた。夏、白または淡紅色の五弁の小花を咲かせる。茎は地面を這うように生えていた。ゲンノショウコを見付けると、茎ごと採ってきて納屋の軒先に吊るして乾燥させた。

当時の便所は、どこの家もポットンの汲み取り式であった。ある朝、用便中に尻がむずむずして、何やら妙なものが出て来て、ぶら下がっているではないか。引っ張り出してみると、十数センチもある長い回虫（サナダ虫）だった。気持ちが悪かったが、そのことは母にも誰にも言わなかった。当時は衛生観念などなく、それで平気だったのである。回虫は主に小腸に寄生し、雄は十五センチから三十センチ、雌は二十センチから三十五センチと、大変長い。
人糞尿を肥料に用い、それで栽培した野菜や果物などに付着した回虫卵が、口から胃に入るのが大きな原因とされている。衛生状態もかなり低下しており、国民の健康が危惧されていた。

〈蚤《のみ》〉

蚤も大繁殖していた。わずか二〜三ミリほどの体であるが、眠っている間に血を吸われ、痒くてからだをポリポリ掻いた。朝、起きるとそのまま縁側に出て蚤捕りをした。浴衣を脱いで縫い目や折り返しの部分をそっと開くと、飛び出してきた。蚤は後脚が発達していて、体長の六十倍の高さ、百倍の距離を跳躍するそうだ。
ピョンピョン跳ねて逃げるのを、人差指で素早く押さえてつまみ、親指の爪でプチンと潰した。時には卵を一杯孕《はら》んでいるのもいた。

〈蚊〉

蚊の中には、マラリアや日本脳炎などの伝染病を媒介するものもいる。蚊にも悩まされた。近所にボウフラが涌くようなドブ川などはないのに、夕方になると何処からともなく羽音をさせながら、わんさと現れた。

夕涼みの縁側で蚊取り線香を炊き、団扇でパタパタと追い払った。ちょっと油断するとすぐ腕や足を刺された。各部屋の四隅には、蚊帳吊り用の丸い輪が取り付けてあった。寝るときには蚊帳吊りに蚊帳を吊り、蚊が浸入しないようにそっと入った。扇風機さえも無い時代だったので、蚊帳の中で暑くて寝苦しい夜を過ごした。

9 停電

わが町の電気は、万之瀬川にある水力発電所から送られてきていた。遠足で見学に行ったことがある。渓流のゴツゴツした岩場にあり、発電や送電の仕組みなどについて学んだ。体に響くモーター音と設備の大きさに驚いたものだ。

戦後は電力事情も極度に悪かった。ようやく復興が始まると、途端に電力不足になった。当時は水力発電が主流で渇水期には稼働率が低下した。それを補うはずの火力発電は石炭や燃料不足で、これもまた十分に稼働できていなかった。その上、発電所、変電所、送電線、電柱、トランスなどの施設も、戦時中に著しく老朽化して電力需要が増す夜間に電圧が低下した。そのためいきなり停電になることがあった。

当時、電灯は一軒に一つしか無かった。わが家は室内の安全器を通った後、なぜか、また二本線の屋内線が梁の下に敷設されていた。居間の梁の真ん中に取り付けられたローゼットで一本コードになり、

ソケットに繋がれていた。長さが二メートルくらいしかないコードを、ヒモで引いて移動させた。コードは隣の部屋の鴨居までしか届かず、他の部屋はいつも薄暗かった。

ほの暗い電灯の下で、家族で座卓を囲み、晩ご飯を食べた。父は焼酎で晩酌をしていた。

風の強い日、チカチカとしたかと思うと、すぐ停電になった。停電の様子で、電線が竹やぶや生け垣に接触したなと察する。しばらく待っても灯らない時には、隣家の次雄さんと電柱をゆすりに行った。二人で電柱の支柱線を強くゆすると直ることもあった。

停電の時には、ローソクかカンテラに火を灯した。カンテラはブリキの油壺の中に灯油を入れ、綿糸を芯として火を灯すもので、幅十センチ四方、高さ二十センチほどのガラスで囲ってあり、吊るすこともできた。当時は懐中電気も無かった。母たちは夜、寄り合いや親戚などに行く時はカンテラを竹の先に吊るして出掛けた。私は使いに行く時も友だちの家に行く時も、明かりは何も持たずに、暗闇の中、怖さもあって一気に走った。

夜、勉強はほとんどしなかったが、停電は宿題をしなかった言い訳になった。時々こっそりとヤミ電気を灯した。梁の下にある二本線の絶縁体を一部剥がして、その部分にヤミ電気用のコードの先端をU字にして引っ掛けた。いつもはうす暗い部屋が明るくなり、何とも不可思議な部屋に変わった。床の間にある机で勉強をしていても、門口で人の気配を察すると素早く取り外した。

夏は雨戸も障子も開けっぱなしにしてあったので、毎晩、数匹のカナブンが飛び込んできた。羽音をさせながら電灯の周りをグルグルと回り、やがて障子や壁にぶっつかり、畳にパタッと落ちた。飛んでいるのを捕まえたりもした。私は「もう来るなよ」とつぶやいて、縁側から庭の草むらに力いっぱい放り投げた。

10 塩作り

塩は竹編みの三角錐の籠に柄を付けて、台所の片隅に吊るしてあった。ところが、終戦後はその籠に塩がほとんど入っていなかった。塩を入手できなかったからである。砂糖も無かった。でも、砂糖はま

だ我慢できたが、塩不足は深刻だった。困り果てた町の人たちは、統制品であるはずの塩を自分たちで作った。幸いにも、近くに浜がある。みんなそれぞれにドラム缶や大鍋を用意して、浜辺で塩作りをした。わが家でもドラム缶を借りて、手車に乗せて行った。

砂浜で大きな軽石を集めて、コの字型に積み上げてカマドを造った。あちらこちらに既に造られたカマドがあり、それらは特定の持ち主がいるわけではなかったので、空いているカマドを誰でも使用してよかった。

潮が満ちている時に、海水を桶に汲み、天秤棒で担ってドラム缶に入れた。海水を汲み足しながら、根気よく何時間も炊き続けた。全く原始的な方法であった。私の役目は広い砂浜を駈け回り、打ち上げられた流木や漂着物など、燃料になる物を集めることだった。

数時間炊き続けると、ようやく煮詰まって濃い塩分が溜まり始める。かき混ぜながら弱火にして、更に煮詰める。すると、底に錆色をした塩らしきものができた。それをすくい取って大事に持ち帰った。

ある日、また塩作りをしていると、そばでどこかのおじさんが、炎天下の砂浜に縄で囲いをした。何をするのだろう？　と見ていると、軽石や貝殻、粗いゴミを丁寧に取り除いて浜砂を平らにした。そこへ桶に汲んで来た海水を撒き始めた。海水は直ぐ砂浜に滲み込み、砂はすぐ乾いた。それでも根気よく繰り返し撒いていた。しばらくすると、表面の砂に塩分が濃く付着するらしかった。それを砂ごと集めて大鍋に入れて、海水をそそいで濾過し、砂を取り除く。次にドラム缶で更に煮詰めて、塩分を抽出するのだそうだ。成果のほどは分らなかったが、あちらこちらで、同じ方法で作っている人たちが増えてきた。

塩作りは一日掛かりの仕事だった。潮が引くと遥か沖合まで干潟になる。今度は干潟でおかず用の貝をいっぱい掘った。サツマイモに貝だけのつましい昼食であったが、沖を行く船を眺め浜風に吹かれながらの食事は、まるで家族の遠足のようだった。

吹上浜で獲れたイワシ（メザシ）やアジの開きなどは塩辛かった。メザシは毎日食べていたので、幾らかは塩分が補われたのかもしれない。

11 サツマイモご飯

食糧不足による国全体の飢餓状態はもっとも深刻だった。戦争で多くの若い青年と働き手が戦場へ動員され、労働力不足で生産能力が著しく低下していた。空襲による工場や輸送機関も破壊され、肥料や農機具なども不足していた。その上、働き手を失った田畑には草がはびこり、荒れ果てていた。そこへ戦地や外地から、およそ三百万人もの人が帰って来て、人口が一割増えたとも伝えられていた。

米の配給はわずかだったため、みんな主食代わりに毎日サツマイモを食べた。母は家族が飽きないようにと、頭を悩ませながら色々と工夫していた。朝はサツマイモを賽の目に切り、ほんの少しの配給米と混ぜて炊いた。米粒は羽釜の底に沈む。サツマイモが圧倒的に多いため、炊きあがると米粒は見えなかった。母は底にある米と混ぜ合わせて装った。麦とサツマイモを混ぜ合わせて炊くこともあった。

昼は、サツマイモを大きな羽釜で丸ごと炊いた。「カライモゾケ」という楕円形の竹編みの笊に盛り上げて、皮をむきながら食べた。おかずは吹上浜で獲れたイワシを七輪の火でじりじりと焼いた。台所に煙がもうもうと立ち込めた。

夜はサツマイモを手の平で割るようにして切り、大根・人参・昆布・魚などと一緒に煮たものだった。ジャガイモやカボチャも主食の代わりになった。時には小麦粉のダンゴ（水団《すいとん》）を入れたりした。

幸いにも、鹿児島はサツマイモの産地である。わが家でもサツマイモだけは一杯栽培していた。イワ

シも吹上浜で獲れた。野菜はわが家の畑と屋敷で栽培した。大根・人参・牛蒡・ジャガイモ・里芋・カボチャ・茄子・トマト・胡瓜・キャベツ・白菜・玉葱・豆類など、自給自足できた。つましいものであったが、何とか飢えを凌ぐことができた。

サツマイモは年間を通して保存できない。三月頃から秋の収穫までの数カ月間はどうしたかというと、サツマイモを輪切りや千切りにして、蒸したりそのまま乾燥させて甕《かめ》に入れて保存した。母は寒い夜も遅くまで、すき間風の吹く縁側で、山盛りのサツマイモを一つずつ皮を剥いて切っていた。姉も手伝った。一つしか無い電灯は縁側までは届かなかった。うす暗い中でコツコツコツと手馴れた包丁さばきの音は、子ども心にも侘《わび》しいものだった。私は布団の

中で聞きながら、いつしか眠った。

翌朝、蒸してから大きなバラ（竹編みの笊）に隙間なく並べて、朝日が射す庭や屋敷中に干すのを手伝ってから学校へ行った。それを私たちは「コッパ」と呼んだ。

今度は、コッパと配給米と混ぜて炊いたが、コッパが圧倒的に多いので、炊きあがると羽釜の中は黒ずんでいた。底の方にあるわずかばかりの米と混ぜ合わせると、団子状の「コッパめしが」でき上がった。コッパめしにもメザシはよく似合った。コッパを石臼で碾《ひ》いて粉にして「コッパダゴ（団子）」を作ってくれたり、フライパンで焼いて「カッパ焼き（ケーキ風）」も作ってくれたりした。

戦後の飢餓時代を語るとき「芋の蔓まで食べた」と、話す人たちがいる。私は芋の蔓は食べたことは無かったものの、厳しい状況に変わりは無かった。

12 鶏

朝、「コッコッをしたか！」と、忙しい登校前にせき立てられた。大概の家では鶏を飼っていた。わが家でもいつも七、八羽飼っていて、朝夕の餌やりは私の日課になっていた。鶏小屋は屋敷西側の生垣沿いにあり、三坪ほどの広さで屋根はトタン葺きだった。貧弱な鶏小屋ではあったが、真っ先に朝日が射し、終日陽が当たっていた。奥の方の地面から四十センチくらいの高さに、幅四十センチほどの台を作り、その上に木の巣箱を二つ置いた。鶏はその巣箱に入って卵を産んだ。巣箱の上の屋根に近い所に

設えた止まり木に、鶏は夕方になると早々に止まった。

餌はサツマイモの皮、大根葉、野菜屑、魚の骨などを木箱に入れて、長い棒の先にT字型に刃物を取り付けたもので細かく刻む。それを大鉢に移して、水で米糠と練り合わせて与えた。

コツコツとは、餌を刻んで作る音のことである。餌を作っている時から、鶏は餌箱の前で大騒ぎした。水は毎朝、井戸水を汲んで取り替えてやった。私が鶏小屋に行くと餌をもらえるものと思って金網に寄って来た。おやつのサツマイモの皮や屋敷にいるバッタなど、昆虫を捕まえては投げ与えた。雑草も引き抜いて投げ込んでやった。

鶏は地面を足で掻いてミミズなどの餌を探す習性がある。時々屋敷の砂を山盛りに入れてやると、大はしゃぎして砂遊びした。

暁にどこかの家で一番鶏がコケコッコーと鳴き出すと、あちらこちらで鳴き出した。わが家の雄鶏も負けじと鳴いた。母はもうその頃には起きていた。鶏は寒さに強く暑さに弱い。元気を無くしてうずくまっている鶏には、コショウを水で溶かし、無理やり口から流し込んだ。鶏は目をむいたが、荒療治が不思議に効いた。ある日、学校から帰ると鶏が騒いでいた。急いで見に行くと、大きな青大将が巣箱の卵を狙っていた。生垣沿いにやって来て浸入したのだ。私は「こいつめ！」と、棒で突いたり叩いたりして撃退した。青大将は悠然と出て行った。

雌鶏が巣箱を離れずに卵抱きの仕草を始めると、親戚や近所からレグホンや名古屋コーチンなど好みの受精卵を集めてきて、小屋の中に隔離して抱かせた。雛は二十一日ほどでふ化する。

当時、卵は大変貴重なものだった。朝夕せっせと世話して産ませた卵なのに、あまり口にすることはなかった。唯一お金に換えられたからである。籾殻を入れた壺の中に貯めておくと、仲買人のおばさんが「貯まっていますかー」と、買い取りに来た。

13　五年生（昭和二十二年四月〜二十三年三月）

世の中が目まぐるしく変わり、歴史上の大変革があった。五年生の私たちも、その大波をまともに受けた。にもかかわらず右往左往しながらも、すんなりと受け入れられた。五月三日には、現行の「日本

国憲法」が施行された。その大事な憲法について先生が説明されたが、私たちは特別な感慨は抱かなかった。

戦地から復員して来られた先生が多く、中には大変荒々しい先生もおられた。一方、代用教員の若い女の先生も多かった。担任は女の先生で、クラスの編成は三クラスとも男女半々の共学になった。まだ混迷していたが、都会から疎開してきていた生徒が、ぽつりぽつりといなくなった。都会の元の学校へ戻って行った。お別れ会などは無く、いつの間にかいなくなるのだった。

国民学校から小学校へと改革され、新制中学校が設置された。いわゆる六・三・三制へ移行して、私たちは小学校の五年生となった。新しく社会科が加わり、教科目が次のようになった。国語、社会、算数、理科、

音楽、図画・工作、家庭、体育、自由研究。

当用漢字が制定され、字体が國から国へ、學から学になった。せっかく姉から「メーメーヨーヨカンムリコ」と教わった字が学になった。

食糧事情は極度に緊迫していた。花壇は素より、私たちが走り回っていた校舎と土手の間にある広場にも、一周二百メートルの運動場にもサツマイモが植えられた。でも私たちは運動場の南側にある大砂丘の松林の中を走り回わって、体力を培った。

五年生の時、自転車に乗れるようになった。当時、自転車はごく一部の家にしか無かった。大工さんや魚の行商などの運搬用で、荷台もスタンドも大きくて頑丈な作りだった。

わが家にはまだ無かった。幼児期が戦時中だったため、幼児が乗って遊ぶ三輪車を経験した子はいなかった。ましてや、子ども用自転車など見たこともなかった。

稽古のために借りた自転車は、いきなり八インチ（二十八インチ）と呼ばれる大型の自転車だった。当然のことながら、三角乗りをしないとペダルに足が届かなかった。戦後はチューブやタイヤなど、ゴム類も極度に不足していた。稽古用に借りた自転車は、後輪にこそタイヤがあったが、前輪のリムにはタイヤが無かった。タイヤの代わりに硬い赤ゴムを針金で括り付けてあった。ゴトゴト、ゴトゴトとうまく転がらず、とても重かった。チェーンカバーも無く、チェーンはむき出しだったので足を擦りむいた。チェーンには油気も無く、よく外れてしまった。それでも早く乗れるようになりたい一心で練習した。ようやく乗れるようになっても、自転車は仕事用の大切なものだったので、なかなか貸してもらえなかった。

〈主な出来事〉※五年生のとき
○六・三・三学制発足　○新制中学校設置　○国民学校から小学校へ改称　○第一回参院選挙
○日本国憲法を施行　○日教組結成　○古橋広之進四百メートル自由形で世界新
○共同募金はじまる　○酒の自由販売

14 洋服の配給と桑の皮採り

米・塩・酒、タバコはもとより、何もかもが統制と配給の時代であった。服も靴も統制品のため手に入らなかった。時々学校に特配というのがあり、服と靴が特別に配給された。数は限られていて、年に一、二回、しかも、クラスに一着か二着、一足か二足だけだった。靴は遠足に行く時ぐらいにしか履くことはなく、みんな裸足で登校していた。従って、そんなに必要ではなかった。でも、服はほぼ全員が希望したので、くじを引いた。運よく引き当てても無料ではなかったので、辞退する子もいた。私は一度も当たらなかった。引き当てたとしても、私も辞退したと思う。

学校では一着でも多く特配を受けようと、全校挙げて桑の皮採りを行った。集落ごとに夕方、養蚕の

ために桑を栽培している農家を回り、葉を摘んだ後の幹枝を集めた。長さは一メートル余りで材は堅かった。夜、みんなで月明かりの広場で皮剥ぎをした。地面に高さ七十センチくらいの棒杭を二本くっつけて打ち込む。その棒杭の間に幹枝を挟み、一人が棒杭の上端に縄を巻いて締め上げる。その上で、別の一人が力一杯幹枝を引き抜くと皮が剥げる。一回では剥れないので、繰り返し行った。剥いだ皮は束にして、翌朝、勇んで学校へ持って行った。皮の繊維で布が織られると教わっていた。剥いだ後の幹枝は焚き木になるため、翌日農家に戻しに行き、また新しい幹枝を集めてきた。

当時、小学生の制服などは無く、男子服は大抵丸襟の学生服で、ズボンは半ズボンだった。ズボンの尻はすぐ穴が開いてしまうため、大きな尻当てを縫い付けてあった。また、織り目は粗くゴワゴワしていて、洗濯する度に縮んでしまい、色も褪せてしまった。

戦時中の洋服はカーキ色が多かった。戦後は黒く染めてもらう人たちもいた。どこの家でも兄弟が多く、大概は兄のお下がりを着ていた。ダブダブ、ツンツルテン、継ぎはぎだらけであったが、私たちは一向に気にならなかった。夏は開襟シャツだったが、ランニング姿で登校してくる子もいた。冬は、青っ洟《ぱな》を袖口で拭いたので、両袖ともこわばり、テカテカに光っていた。一着の服が学校服になり、遊び服になり、野良着にもなった。

母は「継ぎはぎでも、ダブダブでもよか。繕い洗濯して、清潔にしておれば恥じることはなか」と言い、繕い洗濯してくれた。

15 なべふさっどん（鋳掛屋さん）

鍋や釜の穴開きを塞いでくれる人、つまり鋳掛屋さんのことである。「なべふさっどん」が来ると、直ぐ集落中の人びとに伝わった。来るのをみんな心待ちしていたからである。戦時中、どこの家でも、鍋、釜、ヤカンなどの金属製品は供出させられて、たった一つずつしか無かったからだ。その大事な鍋や釜に穴が開いたり、ひびが入ったり、取っ手が壊れたりして、日常生活に大変支障を来していた。そこへやって来て修繕してくれる「なべふさっどん」は、救いの神のような存在であった。

毎年、木枯らしが吹く頃、同じ場所にやって来た。北風を防いでくれる生垣を背に日当たりのよい道

端だった。そこは私たちがメンコ遊びなどをする恰好の場所だった。おじさんは鳥打帽をかぶり、首には日本タオルを巻いていた。重そうな道具箱を置くと、まず四角い横長のフイゴを取り出して半分砂に埋め、その上に砂を盛り上げた。

近所のおばさんたちが、次々に鍋や釜などを持って修繕を頼みに来た。どこの家のものも、みんな煤で真っ黒だった。穴が開いても容易に捨てたり買い替えたりはせず、完全に使い物にならなくなるまで修繕を繰り返した。私たちは馴れなれしくおじさんを取り囲み、地面に座り込んで作業を見ていた。おじさんは何も言わず、黙々と修繕を続けた。鍋や釜の底をボロ布で拭いて煤を取り除き、穴開き個所を小槌でトントンと叩いて、ヤスリを掛ける。

何よりもフイゴが珍しかった。把手を引いたり押したりすると、ゴーゴーと風が送り込まれ、炭火がパチパチと弾けて、炎が勢いよく燃え盛った。とても不思議だった。おじさんは熱したハンダゴテで、ジュージューと手際よく穴を塞いだ。私たちは密かに「フーフー楽隊のおじさん」と呼んでいた。

町には飛行場があったので、終戦時に鉄兜を手に入れた家も多かった。鉄兜の両端に把手をハンダ付けしてもらい、鍋代わりにしている家もあった。鉄兜は座りが悪いため、逆さにして四カ所に脚をハンダ付けしてもらっていた。かつては、兵隊さんたちがかぶっていた鉄兜が、このような姿になろうとは……。

ドラム缶を転がしてきて修理してもらう人もいた。当時はドラム缶を風呂桶代わりにしている家もあり、底に穴が開いて困っていたのである。五右衛門風呂の修繕をしてもらう家もあり、わが家も修繕してもらったことがある。

あの無口なおじさんは、どこの町からやって来ていたのだろうか。

16 ウサギ

私たちは学用品を買うためにウサギを飼った。学校でも奨励した。私はいつも五、六匹飼っていた。白ウサギが多かったが、褐色や灰色、白黒のブチ模様のものも飼った。いずれも家畜化されたもので、性質はおとなしかった。

ウサギの巣箱は小屋の軒下に幾つも並べて作った。それぞれ左側に落とし蓋の出入り口を作り、前面は三センチ角の板を三センチくらいの間隔にして、釘で打ち付けて囲った。ウサギはその囲いの角材をよく齧《かじ》っていた。巣箱の中には稲藁を短く刻んで敷いてあげた。

糞はエンドウ豆くらいの大きさで、コロコロとしていて臭くはなかった。だが、尿は悪臭を放ったので、三日置きくらいに新しい稲藁と取り替えた。

友だちと競争で飼育し合った。学校から帰ると、仲のよい友だち数人で餌の草取りに行った。カガイ（藁で編んだ農作業用の入れ物）を袈裟掛けにして、右手に鎌を持ちポケットには肥後守を入れて野良に出掛けた。畑の土手や田んぼの畦道などの草を刈り取った。すぐカガイ一杯になった。餌の草取りは遊びを兼ねていたので、すぐには帰らなかった。春は蓬を摘み、山に入って石蕗の葉柄を採り、グミやキイチゴの実を食べた。小川ではエビやフナ獲りをした。秋の山ではアケビを採り、茸探しなどをした。

餌は朝夕二回与えた。狭い巣箱ではかわいそうなので、ときどき庭や屋敷に放って運動をさせた。飼いウサギは動作がのろく、ピョンピョンと跳ねるだけで逃げたりはしなかった。

ある日、屋敷に竹編みの大きな籠を逆さに伏せて、その中に入れて学校に行った。帰ってみると一匹いなかった。よく探すと一匹は横穴を掘り、その中に潜んでいた。「出てこい！」と、足を引っ張ったがなかなか出て来ない。しまいには尻尾を引っ張ったところ、尻尾が千切れてしまった。それからは、可哀そうなことをしたそのウサギには餌をたくさん与えた。

ウサギの成育は早く、七カ月ほどで成獣し繁殖が可能になる。「もうよいだろう」と、友だち同士で雄雌を持ち寄って種付けをさせた。交尾が成立するとキューンと鳴いた。三十日から四十日くらいで子どもが産まれる。一度に七、八匹も産まれたことがあった。予め種付け代に「何匹産まれたら何匹あげる」などと約束し合った。

大きくなったウサギは学校で買い取ってくれた。月に二回決められた日にカガイに入れて登校した。二匹連れていったこともあった。校舎のコンクリート土間に作られた板囲いの中には、種々のウサギが数十匹入れられていた。それを見て、さらに競争心を燃やした。時には「もう少し大きくなってから持ってくるように」と言われ、渋々持ち帰る生徒もいた。

先生に、種類、毛色、重さ、学年・組・名前を記録してもらい、二週間くらいすると代金が貰えた。僅かな金額ではあったが、みんな満足だった。そのお金で私はノートや鉛筆を買った。

17 六年生（昭和二十三年四月〜二十四年三月）

終戦から三年。相変わらず混乱は続いていたものの、幾らかは落ち着いてきた。六年生の担任は軍隊がえりの先生だった。

「最上級生としての自覚と責任を持て」「下級生の模範となれ」「家の手伝いをして食糧増産に励め」と、軍隊口調で叱咤激励された。クラスの誰かが遅刻したり、些細な不始末をすると、すぐ連帯責任を取らされた。「みんな運動場を回ってこい！」と、命じられた。ある時は、机の上に手の甲を上にして置いた手を、竹でバシッバシッと叩かれた。宿題を忘れると、筆入れ箱で頭をガンと叩かれた。当時はセルロイドの筆入れを持っている生徒は少なく、ほとんどが、父親に作ってもらった木製の筆入れ箱だった。よそ見をしているとラーフル（黒板消し）が飛んできた。

校庭・校舎・便所・芥溜め等を見回り、下級生に整理整頓を厳しく指導した。集落に於いては「常会」というのがあり、六年生が常会を取り仕切った。夜、集落の倶楽部（集会場）に一年生から全員集まり、六年生が下級生に「道徳と礼儀作法」を説いて聞かせた。

戦後の復興に明るい希望をもたらしたのは、水泳の古橋広之進選手だった。水泳の千五百メートルで世界新記録を出したからだ。

そのような状況下で修学旅行が行われた。行き先は鹿児島市だった。鹿児島市は戦災で壊滅的な被害を受けてから、わずか三年目だった。一泊二日。城山、西郷さんの銅像、照国神社、鴨池動物園、磯庭園を見学した。当時は観光バスなどはなかったので、市電に乗ったり歩いたりしての強行軍だった。

最初に城山に登った。城山は市街地・錦江湾・桜島を一望できる景勝の地である。西南戦争最後の戦場になった所でもあり、登る途中にある「西郷隆盛洞窟」を見学した。修学旅行を前に学校で教わったのは、政府軍の流れ弾を受けた西郷隆盛が「しん（晋）どん、もうここらでよか」と言ったそうだ。別府晋介は涙を流しながら刀を抜き「ごめんやったもんせ～」と、大きく叫んで西郷隆盛の首を落とした。西郷隆盛四十九歳。波乱万丈の人生終焉の地である。

まだ米も配給制だった。当然、宿泊する旅館にも米が無いため、全員、米を封筒に入れて持って行った。旅館に着いてリュックサックから取り出そうとしたら、封筒が破れていて、米はリュックサックの底にこぼれていた。畳の上にひっくり返し、慌てて米粒を拾い集めて渡した。部屋のあちらこちらでも騒ぎながら拾っていた。

五年生までの遊びは、校庭で陣取りこ・宝取り・相撲・胴馬などを行っていたが、六年生になると急速に野球がはやり出した。まだテレビのない時代である。野球選手がどんな格好をしていたのかも知らなかった。それでも、川上選手の赤バット、大下選手の青バットは大変有名で、子どもたちのヒーローだった。野球のルールは運動場で野球好きの大人たちが試合を行っているのを見て、いつの間にか覚えた。私たちも野球をしたかったが、ボール、バット、グラブ、ミットを持っている子は一人もいなかった。卒業する頃になると、生活様式や様々なことがアメリカナイズされてきた。

……………

〈主な出来事〉※六年生のとき
○古橋広之進千五百メートルで世界新　○初めてナイター野球　○マッチが自由販売
○主食配給二合七勺に

18　郷中教育の名残

四百年の歴史を持つ、薩摩藩独特の青少年教育である。新しい日本の夜明けである明治維新には、薩摩藩から西郷隆盛、大久保利通、森有礼、東郷平八郎、大山巖など、多くの人材を輩出し、近代日本を築く原動力となった。みんな幼少の頃から郷中教育で育った人たちである。地域の小単位を郷と称し、そこに住む青少年たちが自発的に学習団体を編成し、教育の基盤を築いた。教訓は「武道に励み、心身を鍛練し、廉恥を重んじ、礼節を大事にする」調和のとれた人間形成にあった。

私の町の集落には、それぞれ倶楽部（集会所）があり、郷中教育の名残が受け継がれていた。倶楽部は広い畳敷きで、正面に「至誠」と書かれた大きな掛け軸が掛けてあった。

玄関を入ると、ゆったりした土間になっていて、右手の突き当たりには炊事場とカマド付きの小さな控室があった。集落の行事や集まりの時などに、そこでお茶を沸かし、煮炊ができた。広い前庭には桜、楠、蘇鉄が植えられていた。常会というのがあり、小学校一年生になるとみんな参加して、夜に常会が開かれた。六年生は掛軸を背に横一列に正座し、下級生と対坐した。みんな姿勢を正し、コブシは膝の上に置いていた。わずか十二歳の六年生が、代々受け継がれてきた道徳と礼儀作法を、下級生に説法した。一年生の時から教え込まれ実践してきたことを、子どもらしい言い方で説いて聞かせた。下級生たちは真剣な面持ちで聞いていた。

・年上の人を敬い、年下の者を慈しむこと（長幼の序あり）
・お年寄りを大切にすること
・親孝行をすること
・親に口答えしないこと
・道で年上の人に会ったらおじぎをすること
・年長者の言うことはよく聞くこと
・弱い者いじめをしないこと
・嘘を言わないこと
・他人の悪口を言わないこと

・自慢話をしないこと
・言いわけをしないこと
・屁理屈を言わないこと
・他人を妬まないこと
・人の物・よその家の物を絶対に盗まないこと
・卑怯なことをしないこと
・正しいと思うことはすすんでおこなうこと
・男らしく振る舞うこと　等など。

季節によっての注意も行った。
・青梅を食べると疫痢になるので絶対に食べないこと
・桑の実を食べ過ぎないこと
・海に泳ぎに行くときは、必ず親の許しを得て年上の人と行くこと
・引き潮のときは泳がないこと
・マムシに気をつけること（マムシのいそうな場所を教えてくれた）
等など、日常生活の全般にわたるものだった。

六年生は率先垂範した。それを下級生たちは見て、見習った。常会は教師なき教育だった。前庭で満天の星空を仰ぎ「星座」を教わった。様々な星座があることを知り、北斗七星もその時、初めて知った。日曜日には「早起会」を実行していた。まだ暗いうちに竹箒や熊手を持って倶楽部に集合し、各班に分かれて集落の道や側溝の清掃を行った。その後土俵で相撲の稽古をしたり、前庭で森田一男先生の指導で剣道と示現流の稽古も行った。夏の夜には精神鍛錬のために肝試しが行われ、「やっせんぼ（意気地なし）」に活を入れた。

集落で子どもたちのために借りた畑で、サツマイモや麦の栽培も行った。みんなで汗を流し、勤労、協調、助け合うことの大切さを学んだ。それらを通して、子ども同士の絆も地域の人々との連帯も深まった。

終戦直後の混沌とした時代で心が荒みがちであったが、郷中教育の名残が受け継がれて、子どもたちは健全な精神を身に付けることができた。

中学校生活編

1 中学校入学

昭和二十四（一九四九）年四月、中学校に入学した。小学校を卒業するとみんなそのまま同じ校区の中学校に進んだ。校門の西側石柱には「万世町立万世中学校」、東側石柱には「万世町立万世小学校」の表札が掲げられていた。三月までは同じ校門を出入りしていたのに、中学生になったら、いささか緊張して校門を入った。

六・三・三制の新しい学制が施行されて、まだ二年目のことである。それまでは二年生と一年生だけしかいなかったので、私たちが入学して初めて三学年が揃ったのである。中学校の新しい校舎はなくて、数年後に出来る予定になっていた。小学校の校舎の一部を借りての授業だったが、三室足りなかった。最初に校長先生が「一年生は別棟の教室で勉強してもらいます。勉強する意欲があれば勉強はどんな所でもできる。しっかり学びなさい」と、話された。

一組は、職員室を使用することになった。職員室は校長室に併設されて、先生方も不自由されていた。二組は、別棟の小使室（用務員室）の一室の畳を上げて使用した。天井も床も低く、窓が少なく薄暗かった。三組の私たちは、やはり別棟で裁縫室の畳を半分上げて、窓際に机を並べて勉強した。雨の日は畳の上で相撲を取り、柔道の真似ごとをしては叱られた。当然のことながら図書室、保健室、音楽室、理科室などは無かった。講堂と運動場は小学校と共用だった。

教室には不自由していたものの、幸いにも学校は広い敷地を有し、しかも、運動場に隣接して大砂丘の松林があった。生徒たちは休み時間になると、縦横無尽に走り回って遊んだ。

生徒数は四百六十五名だった。民主主義になって「選挙制度」が流行、入学して直ぐ「少年町長」の選挙が行われた。立候補者の立ち合い演説会で三年生のNさんが、冒頭「四百六十五名の諸君！」と呼び掛けた。四百六十五名の諸君！　が今でも強く印象に残っている。

男子生徒は全員坊主頭で、長髪の生徒は一人もいなかった。制服・制帽は決まっておらず、ほとんどの生徒は丸襟の上着だった。

教科目は、国語、社会、数学、理科、音楽、図工、保健体育、職業（男子は農業実習）家庭（女子）、外国語（英語）、日本史だった。その他に書道も教わった。三年生になると、一時限目の授業が始まる前にホームルームが加わった。

入学式は講堂で行われた。校長先生の冒頭の挨拶は「志あればこと遂に成る」だった。続いて「日本を再建するのは若い君たちである。自覚して勉強しなさい」と、力説された。この日本再建という叱咤激励は、どの先生も話された。

日本国民が戦争で荒廃した国家・国土の再建に、必死に立ち向かっている時だけに、若い中学生に寄せられた期待は大きかったのである。みんなそのことをひしと胸に感じていた。私も再建に尽くさなければと、意気に燃えた。

混乱期とはいえ、まだ校歌も校章も制定されていなかった。従って卒業するまでの三年間、小学校で歌っていた校歌をそのまま校歌として歌った。

一、開闢《かいびゃく》跡は　遠けれど
天孫《てんそん》のゆかり　尊しや
浜松つづく　真砂路の
波に千古の　余韻《ひびき》あり

二、敬愛の誠　義にあつく
剛健の徳　責めを知り
望みにもえて　一筋の
道を行く手に　幸まてり

講堂は南側が正面で、東西の窓側に二階席があった。正面右の壁に、東郷平八郎揮毫の「萬世」の書が掲げてあった。萬世《ばんせい》は、町名であり学校名である。正面左の壁には「不進慶知退」の書。伊藤博文の揮毫で「進まざるは、正しく退くと知るべし」と読む。その意味は、学問にとって考えてみると「学問というものは、これだけ勉強し修業をしたのだから、その実力がいつまでもあると思うのは思い違いである。努力を怠り前に進まないときは、既に退いているのだ。ということを知らなければならない」と、国語のO先生が教えて下さった。

「萬世」の書の下には、大きな振り子時計が掛けてあり、静かに時を刻んでいた。

また東側の柱には「敬天愛人」の書。郷土の偉人・西郷隆盛の遺訓で「天を敬い、人を愛する」の意。子どもの頃から教え込まれていたもので、誰でも知っていた。

西側の柱には五十号の油絵が掲げてあった。一直線に延びる道路沿いに大きな楠の並木、雄大な青空の下に広がる麦畑が描かれていた。正しく青春を讃えているような絵だった。

小学生の時からいつも眺めていた書画も、中学生になったら何か胸に沸々とするものを感じるようになった。

三年生のとき、北に四百メートルほど離れた場所に新しい中学校の校舎建設が始まった。みんな完成を期待し楽しみにしていたのに、昭和二十六年十月十四日に超大型のルース台風が薩摩半島を直撃し、組み上がっていた校舎が無残に吹き倒されてしまった。

....

〈通信簿評価の基準〉

※成績の評価は五十人として、

5＝最もすぐれた少数のもの（四人）　4＝平均より上位にあるもの（十二人）　3＝最も多い普通のもの（十九人）　2＝平均より一段劣ったもの（十二人）　1＝最も劣った少数のもの（三人）

〈通信簿より〉

［よい生徒は＝行動特徴］

一　誰とでも極めて親密に交際する
二　幸福明朗で環境の明るい面を見ようとする努力をする
三　計画性がありよく努力し成功度が高い
四　常識が豊かで判断をあやまらない
五　人気もあり、落ちついていて、大丈夫という感じをもつ
六　めったに怒らず温和な感情をもちつづける
七　確信をもって事に当たり自分の意見がはっきりしている
八　常に礼儀正しく同情的で進んで社会に奉仕する心が強い
九　人の立場を尊重しみだりに差別待遇をしない
十　進んで全体の為に協力しいつも建設的な意見をだす
十一　よく信頼され、説得力もあり、多数に対する指導も徹底している
十二　命ぜられたこと、引きうけたことは必ずやりとげる
十三　他人の欠点や誤りを大目に見、反対をも敬う
十四　自分の仕事は自分で処理し自主的に行動する
十五　かげひなたなく絶対信用できる

……十六　余暇を有効な読書、健全な運動、高尚な趣味で過ごす
十七　独特の創意を示し、綿密な立案のもとに工夫を続ける

2　裸足で登校

浜辺にあるわが町は砂地だった。砂はサラサラしていて、裸足で歩いても足は少しも汚れない。町を東西に走る県道（目抜き通り）は、まだ舗装されておらず、砂地に砂利を敷きつめただけの道だった。他の道路はほとんどが砂地のままであった。

靴は持ってはいたが、私たちは全員裸足で登校した。遠い集落からも裸足で来た。女生徒もほとんどが裸足で登校した。校舎の土間に下駄箱はあったものの、女生徒の下駄が二、三足置かれているだけであった。

真夏は道の砂が焼き付いて熱く、生垣や家屋の日陰を歩き、日陰の無い所は走り抜けた。

冬でも裸足で登校した。白い息を吐きながら駆け足で来て、学校に着くと校庭に出て、みんなで胴馬、陣取りこ、相撲などを取って遊び、体を温めた。

朝礼の鐘が鳴ると、全員裸足で第二校庭に整列した。次第に足の爪先がじんじんと冷たくなってくる。先生の目を盗み、そっと片足を上げて、もう一方の足のふくらはぎに当てて温めた。校長先生の訓示が

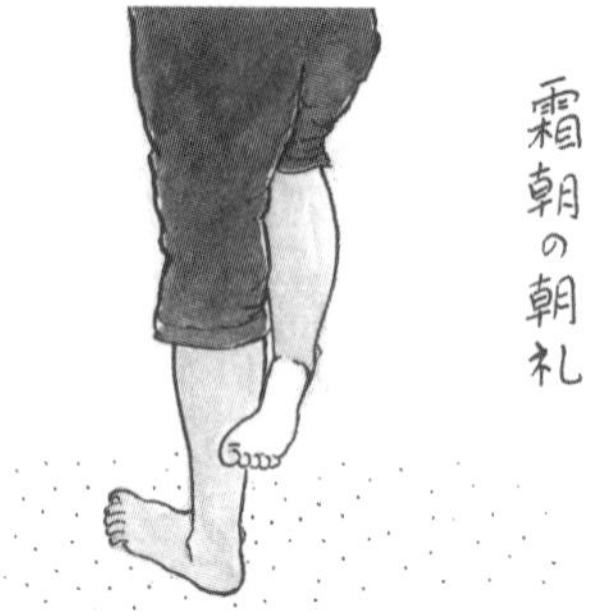
霜朝の朝礼

石につまずいて
生爪《なまづめ》をはがして
しまった

釘や針金を
踏んでしまった

野糞をふんづけて
しまった

とても長く感じられた。続いて週番の先生が学校行事や注意事項を説明された。

　話が終わるとすかさず、朝礼台から「天突き用意！」の号令が掛かった。

　先生も生徒も両足を開き、膝を折り曲げて中腰に構える。両腕を折り曲げ、固い握り拳を作る。先生の「ヨイサー」の掛け声で膝と両腕を同時にぐっと伸ばし、両手を開いて威勢よく天を突く。

「ヨイサー」「ヨイサー」「ヨイサー」「ヨイサー」

　先生方と掛け合いで、何回も天を突いた。次第に心身ともに温まってきた。温まったところで教室に入り、一時間目の授業が始まった。教室の中でも、もちろん裸足であった。

　教室の壁には研究発表の円グラフや棒グ

ラフなどが画鋲で貼ってあった。図画や習字も貼り出されていた。ところが、しばしば画鋲が抜け落ちていた。それに気づかず、教室内を駆け回っているうちに、画鋲を踏んでしまった。アッと思ったときはもう遅い。素早く画鋲を抜いて唾を付け、また走り回った。当時は学校に保健室（養護室）は無かった。

　私たちは町中を裸足で走り回って遊んだので、しばしば板切れに打たれている釘を踏んでしまうことがあった。ある日、私は草むらで太い針金を踏んでしまった。深く刺さり自分では抜くことができず、友だちに家までおぶってもらい、縁側で父に抜いてもらった。出血している傷口に唾を塗り付けて、傷口を金槌でトントンと叩いて塞いだ。そのあと赤チンを塗っただけで治した。一年中裸足で通したので足裏が丈夫になって、風邪を引いて学校を休むような生徒はいなかった。現在では、保育園、幼稚園、小学校などで園内、校内だけでの裸足運動が流行っているようであるが、裸足の良さが見直されている。

3　勉強机

　わが家には座机が二つあった。床の間に置かれていて姉と一つずつ使用していた。中学生になったら「立ち机があればもっと勉強するのに」と、欲しくて仕方なかった。そんな折、兄が大阪からひょっこり帰省して来た。

「よし、立ち机を作ってあげる」と言い、兄はどこからか機械削りの飾り付きの脚を二本手に入れてきた。足りない二本は床下から垂木を探し出し、板は小屋の中から古板切れを探し出してきた。板切れは

厚さも幅も不揃いであったが、カンナ掛けして、早速作り始めた。

どんな机が出来るのだろうかと、私の胸は弾んだ。三日後、学校から帰ってみるとでき上がっていた。机の面は不揃いだったが、引き出しも付いていた。背もたれ付きの腰掛けも作ってあった。早速、縁側の一番奥まった曲がり角に置いた。このときばかりは勉強意欲が漲《みなぎ》った。「よか机がまわったのだから、少しは勉強しろよ」と言い、兄は大阪に戻って行った。机の上に手作りの本立てと筆立てを置き、本を並べると勉強机らしくなった。右側の雨戸の一枚は締め切りにして時間割表を貼り、その上に習字紙へ「努力」と書いて貼った。

腰掛けの後には穀物類を入れた大小の甕《かめ》が置かれていたが、机の前には大きな南天が植えてあり、冬には赤い実を付けた。足元の縁側下には万年青、葵、万両、カニハシャボテンなどの鉢植えが並べてあり、勉強部屋?の雰囲気はよかった。

ところが、電気コードが立ち机までは届かないため、夜は机を使用できなかった。縁側の雨戸の内側にはガラス戸がないため、雨の強い日は雨しぶきが吹き込み使えなかった。冬は吹きさらしで寒かった。

縁側には収穫したカボチャが山のように積まれ、穀類もザルに入れて置かれていた。冬になって次第に使用しなくなると、机の上まで穀物に占領される有様だった。勉強中に、すぐ目の前の屋根瓦にスズメが巣作りを始めた。巣作り材料をくわえてせっせと運んできた。雛がかえると、今度は餌をせっせと運んできた。

冬には庭木にメジロも来て、南天の実を啄《つい》ばんだ。それらに気を取られて勉強に身が入らなかった。

わが家の来客は玄関には向かわず、縁側に腰掛けて庭や屋敷を眺めながらお茶を飲み、世間話をした。私は遊んでいても人が来ると、そっと机に向かった。すると「およ、勉強ね。感心だね」と、褒められた。そのような訳で、せっかく兄が作ってくれた机だったのに、成績が良くなるはずがなかった。

4 農業実習

終戦からまだ四年。食糧の危機は依然として続いていた。中学生になると二時間続きで農業実習の時間があった。女子生徒は家庭科で別授業だった。三時間目と四時間目、あるいは午後の五時間目と六時間目が多かった。

家で農作業の手伝いをしている生徒が多く、中学生になる頃には農作業の心得があり、鍬や鎌の扱いにも慣れていた。サツマイモ、麦、ジャガイモ、大根、人参、ラッキョウ、キュウリ、トマト、落花生などを栽培した。

農作業の他に学校の便所の汲み取り、豚小屋の掃除、花壇の手入れ、植え込みの植木やツツジの剪定など、作業は山ほど用意されていた。学校農園は校内に三カ所、校外に二カ所あった。農作業小屋は東側の土手下に二棟あり、鍬《くわ》・唐鍬《とうが》・三股鍬・鎌・フォーク・スコップ、そしてモッコ、肥桶、担い棒、筵《むしろ》、叺《かます》、藁切り包丁など、作業に必要なものはほぼ揃っていた。私たちは農作業小屋の前に整列して、農業先生からその日の作業内容と分担の指示を受けた。教室での勉強より外で行う作業の方がむしろ楽しかったので、嫌がる生徒はいなかった。農業先生はいつも「作物は愛情をそそげばそそぐほどよく実る」と、いわれた。私たちはその教えに従い、黙々と作業を行った。

雨の日は教室で授業になるので、がっかりした。授業では三大肥料、窒素・リン酸・カリ（カリウム）について学んだ。窒素は植物を大きく生長させる作用があり、特に葉を大きくさせる。リン酸は開花と結実に効果がある。カリウムは根の発育に効果があることなどを詳しく教わった。

「桜切るバカ、梅切らんバカ」ということも教わった。桜は枝を切るとそこから腐りやすいので切らない方がよい。梅は枝を切らないと無駄な枝がついてしまうので切った方がよい、という剪定法をいった言葉である。また、稲の病害はイモチ病、縞葉枯病、ごま葉枯病。稲の害虫はウンカ類、ニカメイチュ

ウ、カメムシ類、ツマグロヨコバイなどと教わった。いずれも、試験に出た。
サツマイモについても詳しく知ることができた。サツマイモはヒルガオ科で、原産地はメキシコを中心とした中南米であること。日本には十七世紀前半に琉球を経て九州に伝わり、主に鹿児島で栽培されていることなど、毎日食べているもののルーツが分かった。

堆肥作りも大事な作業だった。堆肥場は土手下に幅六メートル、奥行三メートル、高さ七十センチほどの大谷石で囲んであった。校内の落ち葉や雑草、稲藁を切り刻んで入れ、その上に肥（人糞尿）をかけて作った。

収穫期を迎えると、私たちの心は弾んだ。歓声を上げながら収穫した。収穫したサツマイモを生徒が食べるわけではなかった。叺《かます》に入れて幾袋も農協に持って行った。ほとんどは食用にされたが、焼酎の原料や澱粉にされたりもした。

農協に売った収益金で学校の教材が買われた。三学期が始まったら、数学の先生が、「このコンパスと三角定規は、君たちが作ったサツマイモで買ったのだよ」と、話され黒板に大きな円を描かれた。また、社会科の先生は新しい「世界地図」と「日本地図」を黒板に掛けて、みんなの労をねぎらって下さった。自分たちの努力が実り、私たちは喜びを感じた。

農業実習では、勤労の厳しさ、食べ物の大切さ、共同作業の重要なことを学んだ。また、せっかく苦労して育てたのに、農作物はしばしば長雨、干ばつ、台風などに左右されることがあった。自然条件の厳しさも知った。

5 学校の便所の汲み取り

授業の「農業実習」の時間に、学校の便所の汲み取りも行った。実習の中で最も大事な作業だった。「今日は汲み取り。五年生・六年生校舎の便所の汲み取りを行ってもらいます」と、農業先生から指示された。汲み取りをそんなに嫌がる者はいなかった。小学校の校舎を借りていたので、小学校の分も合わせると、およそ千三百人分の汲み取りを行った。便所は教職員用も加えて六カ所あった。その全部の汲み取りを、私たち中学生がすべて行うのであった。

便所はそれぞれ独立した縦長の建物で、それぞれが渡り廊下で繋がっていた。男子用は入り口の両側にあった。窓際にある高さ十五センチ、幅三十センチほどのコンクリートの踏み台に乗って、コンクリートの横溝に放尿した。仕切りは無く、七、八人の生徒が横一列に並び、一斉に放尿する姿は何とも滑稽であった。次第に踏み台が濡れてきた。女子用は奥の方にあり、通路を挟んで両側に並んでいた。

貯尿槽は建物の外にあった。コンクリートで縦一メートル五十センチ、横一メートル八十センチ、深さは一メートル六十センチくらいあった。地上部分は地面から二十センチ高くなっていた。その貯尿槽に全部の糞尿が流れ込むようにできていた。生徒が落ちないよう木製の頑丈な蓋が被せてあった。「汲み取り！」の指示を受けると、二人一組で肥桶を担いで貯尿槽に行った。長い柄の大きな杓子で、溜まっている糞尿をかき混ぜながら肥桶に汲み入れた。強烈な臭いが鼻を突いた。「うへーっ」と言いつつ、順番を待っていた。

担ぐときは決まりがあった。背の小さい者が前を担ぎ、桶の吊り紐は真ん中よりやや後ろに吊るす。桶の底が前の者の踵にぶつかるのを防ぐためと、後の者は吊り紐を手で持って桶の揺れるのを防ぐためである。二人の意気が合わないと、桶が揺れて糞尿がチャッポンチャッポンと跳ね飛ぶ。

糞尿の大半は堆肥場に運び、堆肥の上にドボドボとかけた。堆肥場までは近い所で百メートル、一番遠い所からは三百メートルもあった。桶を担いで校庭を通ることははばかられ、校舎の裏側を通って運ぶようにと指示されていた。二時間で一つの貯尿槽の糞尿は綺麗に処理できた。

時にはサツマイモ畑に直行し、畝に追肥として施すこともあった。郊外にある学校の農園に担いで運

んでいると、行きずりのおばさんたちから「まこて、てんがなもんじゃっ」（まことに感心なものだ）と、褒められたことがあった。

中学校の三年間、誰も嫌がらずに黙々と汲み取りを行った。人間形成にとって最も大切な時期に、最も大事なことを学んだように思う。

6 豚の飼育

私たちの中学校では豚を飼っていた。豚小屋は農業小屋の土手下にある学校農園の一角に作られていた。広さは四坪ほどで屋根はトタン葺だった。柵の高さは八十センチくらいで、幅十八センチの分厚い板を十センチ間隔で、ぐるりと囲ってあった。餌入れは四角い大きな石をくり抜いたもので、頑丈な棒杭で固定してあった。いかなる巨漢の豚が鼻面で押しても、びくともしなかった。餌（ハンメ）を作るカマドはレンガ造りだった。

入学して間もなく、子豚が連れて来られた。鹿児島の豚は黒豚である。豚の世話は生徒が行った。豚の当番は集落ごとに決められていて、私たちは力を合わせて世話をした。当番の日は、それぞれの家にあるサツマイモや大根、野菜くずなどを持って、朝早く登校した。焚き木も持って来た。手際よく餌（ハンメ）を作らないと、朝礼に間に合わない。みんなで手分けして行った。学校の水道はほとんど出ないため、バケツをさげて学校下にある民家の井戸水をもらいに行った。大鍋を洗う者、餌の材料を包丁で

刻む者、焚き木を割り焚き付ける者、みんな慌《あわただし》く立ち働いた。材料を丸い大鍋に入れて、ぐつぐつ煮込んだ。餌箱に入れる時は、冷ましてから入れる規則になっていたが、朝礼の鐘が鳴ってしまい、煮たぎったままのものを餌箱に入れて、ひどく叱られたことがあった。

豚は粗いゴッタ煮をよく食べた。豚の成育は早い。夏休みになる頃にはぐんぐん大きくなってきた。夏休み中の当番の時、たまには珍しい物を食べさせようと、川のフナやエビを獲ってきて煮込んだりした。ある時は、イタズラ心で土手のアカビッ（食用の小さな赤ガエル）やバッタなどを煮込んだりした。

秋から冬に掛けては桶を担いで、二百メートルほど離れた焼酎屋にイモ糟（焼酎の原料にしたサツマイモの搾りかす）をもらいに行った。工場内は仕込みの最中で、もうもうと水蒸気が立ち込めていた。ついでにバケツに熱いお湯ももらってきた。豚はぐんぐん成育し、半年でもう生徒の体重の二倍以上の重さになった。

豚には名前は無かった。名無しでも次第に愛おしくなってきて、豚にたかる虻や蠅をシュロの葉で作った蠅たたきで追い払ってやったりもした。私たちが近づくと柵の間から鼻面を出して餌をねだるので、芋畑から芋蔓を取ってきて与えたりした。糞尿にまみれた敷き藁は「農業実習」の時に取り替えてやった。稲束を十センチくらいの長さに刻んで敷いてやった。豚は案外綺麗好きであった。

三月の卒業式を前に、農業先生が「明日から豚の世話はしなくてよい。みんなよくがんばったね。ご苦労さん」と、労って下さった。

豚小屋に行ってみると、もう豚はいなかった。養豚業者に売られたらしい。新学期が始まると、また子豚が連れて来られた。

7 草切り競争

「食糧増産は堆肥作りから」この合言葉のもとに、毎年三日間、草切り競争が開催された。期間中は午後の授業は打ち切りになった。草切りは集落ごとに行われ、三年生が指揮を執った。開始の前日、農業

小屋の前に二メートル四方の区画が作られ、各集落の名札が立てられると競争心に火が付いた。

農業先生から「鎌でケガをしないように」「畑や田んぼの土手や畦を壊さないように」「田んぼのレンゲソウ（緑肥として植えてある）は絶対に切らないように」「マムシには気をつけるように」と、細かい注意があった。

午後。集落の倶楽部（集会場）に全員鎌を持って集合して、手車を数台仕立てて野良に駈けて行った。勝手知った畑や田んぼの土手や草藪に突進して、右膝を地に着け、地面すれすれにザクザクと片手切りした。草切りは手慣れているものの、ススキの葉ではよく手を切った。切り取った草は叺《かます》にぎゅうぎゅう詰めにして、手車に積み

大急ぎで学校に運んだ。自分たちの区画に積み上げて、また野良に駆けて行った。

校庭は夕暮れまで、ガタゴトと手車が行き交った。切り草はしっかり踏みしめて、慎重に積み上げた。手を抜くと途中で傾き倒れてしまう。せっかく積み上げても、翌日には乾燥してペャンコになってしまった。朝、登校すると真っ先に見に行き、他所の集落と見比べて一喜一憂した。

競争は白熱した。野良で他の集落とかち合うと「ここは俺たちのものだ」と、小競り合いになった。

最終日。農業小屋の軒先まで高く積み上げた切り草の山を誇らしげに見上げた。表彰などは、もちろん無かった。でも、私たちは満足だった。

切り草は「農業実習」の時間に、大きな

藁切り（包丁）で十センチくらいに切り刻んだ。それを堆肥場に積み上げ、フォークで古い堆肥と混ぜ合わせ、更に人糞尿をかけてよい堆肥を作り上げた。

8 打ち上げられたイルカ

午後の授業が始まったばかりの時だった。「前ん浜にイルカが打ち上がっている。見に行ってよか」と、先生に言われた。私たちは一斉に教室を飛び出して浜へ走って行った。

着いたら引き潮になっていた。沖合百メートルほどの波打ち際に数十頭のイルカがいた。イルカを見たのは初めてだった。図鑑で見たことがなかったので、鱗の無いつるりとした奇妙な魚だなあと思った。体長は一メートル八十センチから二メートル五十センチくらいあった。白い腹を上にしたり、横たわったりしていた。打ち上げられたのではなく、引き潮に取り残されてしまったのだ。波打ち際の数頭のイルカはまだ生きていて、背びれや尾びれを動かしている。私たちは波が打ち寄せるのに合わせて、数人がかりで海に戻そうと必死に押した。イルカはぬるりとしていて掴む所がなく、全く動かすことができなかった。それでも海水をかけてやった。大人の人たちも数人掛かりで押したり引っ張ったりしたが、動かすことができなかった。シャツを脱いで皮膚を覆い、懸命に潮水をかけていた。潮は見る見る引いてしまい、一頭も助けることができず、悔しかった。

物知りのH君が「イルカは哺乳類で、海の豚と書く」と言った。私はそのとき初めて魚ではなく、哺

乳類であることを知った。でも、海の豚は嘘だろうと思った。

吹上浜は干潮時には、沖合数百メートルまで干潟になる。こんなに広い所にどうして迷い込み、取り残されたのか不思議でならなかった。イルカの噂を聞いて大勢の人が集まって来た。三輪自動車や荷馬車もやって来て、イルカを積んでどこかへ運んで行った。

私たちは暫くいて学校へ駆け戻った。結局その日は、午後の授業は打ち切りになった。町では数日間、イルカの話で持ち切りだった。

集団で座礁して死んだ例は国内外で起きている。いろいろ研究されているようだが、どうして起きるのか、その現象は未だ解明されていない。

9 ナトコ映画

「ナトコが来る」と聞いただけで、私たちの心は踊った。幾日も前から、そわそわして待っていた。その日は大人さえも、野良仕事を早く切り上げて帰るほどの人気だった。

町には住吉座という芝居小屋はあったが映画館は無かった。戦後、まだラジオさえ無い家が多く、娯楽といえば唯一ナトコ映画くらいだったのである。

「ナトコ」とは、ナショナル・カンパニー社製の十六ミリ映写機の名前。昭和二十二年頃から、占領軍の総司令部（GHQ）が日本人に向けた民主化促進の一環として、ナトコ映写機を全国的に配備し、各地で巡回映画が催された。わが町でも年に数回、夜、小学校の講堂で上映された。

私たちは上映される映画の名前を知らないまま、当日は早々と出掛けた。講堂には大勢の人が詰め掛けていて、暗い中でまだかまだかと待っていた。その頃の人気スターは、エノケン、上原謙、池部良、田中絹代、山田五十鈴、高峰三枝子、原節子などで、何となく名前だけは知っていた。

終戦後の映画では「青い山脈」「愛染かつら」「王将」「野良犬」「森の石松」「帰郷」「羅生門」「めし」「風雪二十年」「麦秋」「山びこ学校」「あにいもうと」「真空地帯」などが制作されている。

いよいよ上映開始。壇上に吊るされた映写幕に映像が定まると、一斉に拍手が湧いて静かになった。始めにニュースが二、三分ほど上映された。ニュースでは水泳の古橋広之進の競泳世界新記録達成と湯

川秀樹のノーベル賞受賞が強く印象に残っている。もちろん白黒映画で、フィルムは、土砂降りの雨が降っているように損傷したものだった。

上映中にフィルムが何回も切れた。その度に指笛を吹く者がいて騒々しくなった。再び回り始めたものの、場面は飛んでしまい変わっていた。音声が合わないこともあった。

ヒューズもよく切れた。その都度映写係の人が、懐中電灯を持って西側二階に上がり、ヒューズ盤を直すのを暗闇の中で見ていた。

上映された映画はほとんど記憶にない。それでも、アメリカの小麦刈りと牧場の映像だけは記憶に残っている。小麦刈りは広大な農場で機械（コンバイン）を使って刈り取っていた。どこにも山が見えないのを不思議に思った。収穫に続いて、今度は大きなパン工場で、おいしそうなパンが次々にでき上がってくる光景も見た。折しも社会科で「アメリカは世界一の穀物生産国である」と教わり、しかも、山裾の畑で麦刈りの手伝いをしたばかりだったので、その規模の大きさと豊かさに大変驚いた。

もう一つは、牧場で数百頭もの肉牛が緩やかな丘陵地に放牧されていて、二人の男（カウボーイ）が馬に乗り、牛の大群を見事に移動させていた。最後にはそれぞれの牛舎に見事に追い込んだ。それまでは日本の狭い田畑を耕している牛か、荷物を運搬している牛車しか知らなかった。

ともあれ、ナトコ映画は私の知らなかった世界をありありと教えてくれた。

10 野球

戦後、野球は急速に広まり、アッという間に集団遊びの代表格になった。「赤バットの川上。青バットの大下」は、子どもたちのヒーローだった。テレビのない時代のことで見たことはなかったが、名声は凄まじいものだった。

中学二年生のとき、プロ野球選手のサインをもらうのが流行った。私も欲しくて、有名選手に「大ファンです。サインをください」と、往復はがきに書いて出した。するとある日、人気上昇中の土井垣武選手（大阪タイガースの捕手）から、思い掛けない返信が届いた。「きかん坊　土井垣武」と、大きな字で書いてあった。天にも昇る思いで学校に持っていき、みんなに見せた。

みんなが熱中しているにも関わらず、野球用具を持っている子はいなかった。私は母にグローブを作ってもらった。本物のグローブを見たことのない母が、漁師から船の帆切れを手に入れて来て、大きな手袋のようなものを縫ってくれた。グローブとは似ても似つかぬものだったが、それでも大変貴重な用具になった。バットも本物を持っている子はいなかった。そこでみんな自分たちで樫の木を削って、自分用のバットを作った。長さも太さもまちまちだった。一番大事なボールを持っている子もほとんどいなかったが、野球をしたくて運動場や広場に行くと誰かが持っていた。

運動場は高台にあるため、三塁側に大きなファールを打つと土手下のサツマイモ畑に飛び込んだ。そのため、いつも二、三人でボールの行き先を見張りしていた。一度飛び込んでしまうと探し出すのは容易ではなかった。何しろボールはたったの一個しかないため、「よか場面だったのに」と言いながら、全員で必死に探した。探し出せなかった時は、試合を中止するより仕方がなかった。

人数が少ないときは三角ベースで行った。狭い道端でもできたが、二塁ベース無しの一塁と三塁だけのもので、角度は三十度くらいだった。しかも、キャッチャーは味方も相手方も同じ子が行ったりした。ボールが無くてゴム鞠のときは、試合中に空気が漏れてしぼんでしまった。すると、誰かが家に持ち帰り、お湯の中で温めて膨らませてきた。

町には大人の野球愛好者が大勢いて、お盆には「お盆野球大会」が行われた。お盆の十四日と十五日に、集落トーナメント方式で試合をした。マイクを松の木に括りつけて「ピッチャー、足を上げて投げました。ストライク」「バッター打ちました。球は転々とセンターへ」などと、実況放送を行う熱の入れようだった。子どもたちは、お盆には海にも山にも行くことを禁じられていたので、お盆の野球大会を見るのが楽しみだった。炎天下でも、木に登って見たり、木陰で応援しながら見た。ときどき、九州電力など実業団のチームが運動場を借りて練習や試合を行った。帽子、ユニフォーム、ストッキング、スパイクまで揃いの姿だった。私たちはプロ野球選手の姿を想像しながら見たものだ。実業団チームは全員が本物のグローブとミットを持っていた。しかも、バットが五、六本、ボールも五、六個あったので羨ましかった。

ある日、朝礼のとき、朝礼台の脇に大きな木箱が二つ置かれていた。みんな、何だろうと興味津々で見つめていた。校長先生が訓示のあと顔をほころばせながら、「きょうは、みなさんにうれしいお知らせがあります。アメリカのロサンゼルスの『万世会』（ロサンゼルス在住の万世出身者の集まり）から、野球用具が一式送られてきました」と、話された。その箱が朝礼台に上げられると、生徒は列を崩して一斉に朝礼台に駈け寄った。注視の中で体操の先生がおもむろに箱を開けられた。まず、バットが取り出された。五、六本入っていた。次いで、グローブ、キャッチャーミット、ファーストミットを出して高々と上げて見せて下さった。本物の皮の新品だった。ボールはネット入りで二袋あった。最後にベースを取り出された。私たちは、ベースを見るのは初めてだった。

「大切に扱いなさい。しっかり練習して郡の大会で優勝してほしい」と、激励された。

用具はなくても、子どもたちは益々野球に熱中した。あまりにも熱中し過ぎて、畑仕事の手伝いや家の手伝いが疎かになった。親たちは、野球をスポーツとはみなさずに「遊び」と捉えていた。そのため野球をしていると「遊んでばかりいて」と、小言を言われたものである。

11 十五夜まつり

「十五夜まつり」は昔から町に伝わる伝統行事で、龍の化身である「どん綱（大綱）」が恵の雨を降らし、豊作になるよう祈願する祭りである。

鹿児島では「二才《にせ》入り」といって、男子は十五歳になると青年団入りする仕来りになっていた。一人の人間として規律を守り、己の行動に責任を持たなければならない。いわゆる元服のようなものである。二才入り前の少年期の集団教育の締めくくりとして、満十四歳が「十五夜まつり」のすべてを取り仕切る。男子だけで行うもので、十四歳は「十四頭《じゅしがしら》」と呼ばれ、厳しい規律の許で執り行われる。遅生まれの人は中学二年生、早生まれの人は中学三年生の時である。

旧暦八月十五日（仲秋の名月）に向けて、一カ月近くも前から集落ごとに準備をはじめた。その間、学校は午後の授業が一時間取り止めになった。

まず土俵造りから始めた。土俵はそれぞれに松林や神社の境内などに造った。私たちの集落は松林の中に造り、土俵で明々と火を燃やし、毎晩相撲の稽古に励んだ。稽古を積み強くなると他の集落へけんか相撲に行きたくなる。松明を燃やし「相撲取《と》いがけーら！」と、気勢を挙げて押しかけて行った。向こうの集落からもやって来た。勝敗は翌日、学校中に知れわたるので負けられない。

準備で最大のものはどん綱（後綱）を綯《な》うワラもらいであった。学校が終わると全員が土俵に集まり、十四頭が引き連れて町中の家を一軒一軒回り、ワラを集めた。ワラもらいだけでも十日くらいは要した。「十五夜んワラをたもんせ」。礼儀正しい挨拶を仕込まれた。各家では、予め用意してあり一把くれた。二把くれる家もあった。ワラのない商家や漁師などの家からは寄付金をもらった。寄付金は十四頭がしっかり管理して、相撲大会の賞品（鉛筆やノート）、十五夜旗を描いてくれる絵師、どん綱を綯ってくれる青年団の人たちへのタバコ代などに使う。

ワラがたくさん集まり十五夜が近づくと、いよいよ先綱とどん綱綯いに取り掛かる。まず先綱から綯い始める。漁師のおじさんの指図で、長さ十数メートルの縄の一本一本に縒り具で縒りを入れて三本を綯い合わせる。それをさらに三本綯い合わせて太い丈夫な綱に仕上げる。

次はいよいよどん綱綯いである。どん綱には綱が切れないように、太いカズラの芯を入れる。私たちは蔵多山から山藤のカズラを取ってきた。先綱の後尾にしっかり結び付けて、土俵近くにある大きな曲がり松の幹に掛けて、夜、青年団の人に綯ってもらう。

「よいよいよいよさっ」「それよいよさっ」

稲束を三人掛かりでガズラの芯に綯い上げて行く。跳んだとき、空中で体を一回転させて縒《よ》りを入れた。カズラの下の地面では十四頭が頭や尻を蹴られながらも、カズラに抱きついて必死に重り役を務めた。「早くワラを持って来い！」「もっと火を燃やせ！」と、十四頭は大忙しだった。綯い上がると、トグロ状に巻いて高く積み上げて行く。

こうして、直径三十センチ、長さ三十メートル近いどん綱が仕上がる。綱の最後尾には米俵を括り付けた。

十五夜旗も用意する。旗は十四頭だけがもらえるもので、小松原の絵師に制作を依頼した。「竹に虎」「松に鶴」「昇り竜」「鯉の滝のぼり」「獅子に牡丹」「月に雁」など、さながら仁俠、唐獅子牡丹の世界である。絵には大きな丸い月を赤で描いてあった。それを高さ三メートル余りの唐竹に高々と吊るした。

十五夜の前日には、集落の曲がり角にダンギ（樫の太い棒）を立てる穴を掘って回った。曲がり角をどん綱が安全に曲がれるようにするためのダンキ用の穴である。

待ちに待った十五夜。夕方、男子は白いパンツ、半シャツ、ハチマキをきりりと巻き、晴れ姿で土俵に勢揃いして行列を整えた。

十四頭はひと足早く、ダンギを担いで曲がり角に向かった。行列の先頭は「八月十五夜」の昇り旗。その後に十五夜旗の旗持ちの十三歳が続く。

先綱は六歳から十二歳が持って引く。どん綱にはムカデの足のように、二メートルほどの縄を結び付けて、幼児や女の子たちが引いた。女の子と幼児が参加できるのは、どん綱引きだけである。いざ出発！

勢いよく引き出した。

十五夜お月さん　早よ出やれ

子どももよろこび　綱を引く
エーンサッサ　エンサッサ
十五夜は今夜じゃっ　明日の晩はなかど
引こごちゃなかな　泣こごちゃなかか
エーンサッサ　エンサッサ

声を限りに、繰り返し歌って回る。曲がり角でどん綱を安全に通過させるのは、十四頭の最大の役目だった。ダンギを立て、体で必死に支え、足でどん綱を外側に蹴り続ける。

集落を二周してから町の目抜き通りに繰り出した。その頃大きな満月が顔を出す。「月が出たぞー」子どもたちの昂《たかぶ》りは最高潮に達する。

引き回しを終えて土俵に戻って来たら、一旦家に帰り、腹ごしらえをした。わが家では庭に臼を置き、その上に箕を載せてススキと萩を飾り、おはぎとお月見団子を供えた。家族で満月を仰ぎながら縁側でおはぎを食べた。

土俵からは「相撲取りは、早よ、集まれ～」と呼んでいる。私も黒い兵児帯を締めて土俵に駈け付けた。土俵には、引き回してきたどん綱が巻いてあった。

十五夜相撲は今晩限りである。見物人が大勢来た。満一おじさんの「ひが～し～あんこあんこ山～」

「に〜し〜べんこべんこ山〜」の、呼び出しと名行司で一段と盛り上がった。

大勢の人が見守り応援する中で、三人抜き、五人抜きも終わり、十四頭同士の対戦が最後を締め括った。

興奮冷めやらぬまま、十四頭は最後の火の始末をした。急に静かになった。松林の草むらでは虫がすだき、月は早や中天に差し掛かっていた。

すべての責任を無事に果たした十四頭は、来年、晴れて青年団の仲間入りをすることになっている。

12 運動会

毎年、十一月三日に行われた。中学校と小学校合わせて千三百人の合同運動会で、町の一大行事になっていた。子どもが四、五人いる家庭も珍しくはなかったので、大変な人出で賑わった。

秋空の下、二カ月も前から練習に励んだ。運動会の前日、飾り付けが始まると一段と気持ちが昂《たかぶ》った。生徒はみんな何らかの役目が決められていた。私は三年生のときは、K先生から歓迎門（ゲート）係を命じられた。運動場の入口に角材で骨組みを作り、裏山から採ってきた杉の葉を段々に縄で巻き付けて、豪華な緑門を作り上げた。上部にK先生が墨で黒々と書かれた「大運動会」の文字が躍っていた。

運動場に立てる旗竿は、町一番の孟宗竹を佐方集落から大勢で担いできた。旗竿は運動場の真ん中に深い穴を掘って立てた。てっぺんに残した竹笹の下から万国旗を四方八方に張り、周辺の木の幹や枝に結び付けた。私たちは木にするすると登り、孟宗竹立てをする生徒に合わせて一斉に引っ張った。胸が高まる一瞬だった。

用具係りは綱引きの綱や平均台、バトン、玉入れ、旗などを点検して揃えた。トラックの周囲には一メートルおきに鉄のハーケンを打ち込み、縄を通してトラックを囲った。競技に合わせた白線も引いた。出場者の出入り門も作った。松林に筵《むしろ》で囲った便所も数カ所作った。来賓用のテントを張り、講堂から長椅子を運んできて並べた。みんな大忙しだった。

放送機器は理科のY先生が設置された。私は松の木に登って枝に拡声器を括り付けた。テストの「あーあー、本日は晴天なり。本日は晴天なり」が放送されると、一段と盛り上がり、周辺をやたらに走り回った。

用意万端、運動会の日を迎えた。ひんやりとした空気の中で競技が開始された。紅白両軍に分かれて戦う。男子はハチマキ、ランニング、パンツ一枚。女子はハチマキ、カッターシャツ、黒のブルーマー。全員裸足だった。入場行進は無く、始めから運動場に整列した。「運動会の歌」の合唱から始まった。

大空晴れて　朝風清し
鍛へし力　試すは今日ぞ
負くるも勝つも　心にかけず
全力つくすぞ　まことの勇者

いざいざ　わが友
奮へや奮へ　正々堂々

棒倒し・棒取り・騎馬戦と、荒々しい競技が続いた。体操のピラミッド・ブリッジ・ハタザオ・扇などは、日頃の練習成果を見事に発揮した。障害物競争・ムカデ競走・二人三脚・綱引きと、次々に繰り広げられた。かねん輪（自転車のリム）回し・自転車の遅乗り競争などもあった。大人たち自慢の俵担ぎも行われた。俵には砂が一杯詰めてあり、ずしりと重かった。

徒競技とリレーはもっとも関心のある競技だった。私たちはドキドキしながら入場門で出番を待っていたが、みんな緊張して松林に駆け込んで小便をした。

三年生の時、私は記録係だった。ゴール順に五番までに旗を渡して得点を記録し、運動場の西側にある養徳山の得点表示板に得点を伝えた。抜いたり抜かれたり、得点が追加される度に大きな歓声が上がってきた。

運動会最大の楽しみは松林での弁当だった。家族の多い家では、重箱を幾段にも重ね、肩の前後に担ってきた。学校では毎年「食べ過ぎないように」と、注意を促していた。

午後の競技が始まる前に仮装行列が行われ、運動会を更に盛り上げた。酔っ払って、ひょろひょろと千鳥足のおじさんも加わり、笑いを誘った。

午後も競技は延々と夕方まで続いた。応援も白熱した。三三拍子〜、三三七拍子〜。呼子と太鼓に合

大運動会

わせて、「ビクトリー」（VICTORY）と絶叫した。

八幡さまに願かけて　おみくじ引いてもらったら
いつも白軍が　勝ち勝ち勝ち勝ち
ゆうべの夢で赤が勝ち　今日もほんとに赤が勝ち
いつも赤軍が　勝ち勝ち勝ち勝ち

赤軍も負けずに、やり返した。集落対抗リレーと紅白リレーが最後を飾った。何しろ、小学一年生から中学三年生までのリレーである。逆転ありハプニングありで、子どもも大人も熱狂した。すべての競技が終わり、夕闇せまる中で整列して締め括りの歌をうたった。

楽しき今日は　はや暮れ近し
誉れの歌を　うたふは今ぞ
勝負に心　のこさず共に
ますます鍛へん　まことの力
いざいざ　わが友
奮へや奮へ　正々堂々

学校に一番近い集落の私たちは居残りして、うす暗い中で放送機器やスピーカーなどを校舎に運び入れた。

13　農作物の品評会

秋の収穫が終わると、学校では農作物の品評会が行われた。「生産意欲をさらに高める意味と、今年の農作業手伝いの労い」が、込められていた。

生徒は張り切って、色々な作物を持ってきた。サツマイモ、大根、桜島大根、人参、牛蒡、里芋、玉葱、カボチャなどであった。中には家の庭や屋敷に実ったボンタンや瓢箪などを持って来る生徒もいた。必ずしも自分で作ったものでは無かったものの、畑仕事を一生懸命に手伝った成果品であり、家の自慢の作物でもあった。

畑で見事な作物ができると「品評会用」にと大事に保存しておいた。出品作物は講堂の床に並べて審査が行われた。

入賞したものは講堂の長机の上にずらりと展示された。種類ごとに一等賞、二等賞、三等賞、更に入賞があった。学年・組・名前が貼り出されたので、大きくても小さくても恥ずかしい思いをした。

圧倒的にサツマイモが多かった。春の苗床作り、堆肥作り、堆肥運び、植え付け、炎天下での草取り

を手伝った労働の賜物である。それだけにみんなの思い入れが強かった。時には、びっくりするほど大きなものを持ってくる生徒がいた。でも、残念ながらあまりにも大きく成り過ぎて割れていた。入賞するには、姿・形もよくなくてはならなかった。サツマイモは一つの茎に十数個も実っているものもあった。忙しい取り入れの時、用心しながら手掘りしたもので、みんなの注目を集めた。大きな桜島大根を持ってくる生徒もいた。桜島からおよそ五十数キロも離れたわが町でも栽培していた。本場の桜島大根には遠く及ばないものの大きなものができた。わが家のものも、ごつい大きな葉っぱを地面に広げていた。年末、寒風が吹く中、畑に採りに行かされた。ずしりと重いため、葉っぱを縄で結わえて前後に一

つずつ担って帰った。

私は、当時まだ珍しいタケノコ芋（京芋）を出品した。他家では栽培しておらず、大きくて見栄えがしたので毎年入賞した。

学校給食が始まったのは中学三年生の時だった。主食のご飯やパンはまだ無くて、脱脂粉乳と大根など野菜を煮込んだ味噌汁だけの給食だった。そのため、ほとんどの生徒は主食代わりに、サツマイモをハンカチや新聞紙に包んで持ってきた。品評会の農作物はそのまま給食の食材になった。芋キントンの美味しかったことは今でも記憶に残っている。

品評会が終ると、生徒たちはようやく農作業の手伝いから解放された。

14 修学旅行

昭和二十六（一九五一）年の秋。中学校の修学旅行は二泊三日で熊本市と阿蘇山に行った。ほとんどの生徒が県外に行くのは初めてで、みんな楽しみにしていた。

私は父を亡くして、まだ二カ月の時だったので、行くのにはためらいがあった。周囲の人たちから「修学旅行は一生の思い出になるのだから」と、勧められて行くことにした。

旅行に備えて、白の半袖カッターシャツ、霜降りの長ズボン、靴を買って貰った。帽子は買えず、入学したときのもので我慢した。鍔の真ん中が折れて、ボール紙が見えていたので、墨を塗って繕った。

それが後で思わぬことになる。

食糧難は依然として続いていた。一人一日に一合五勺の米の配給制は、四月一日に撤廃になったが、小学校の修学旅行のときと同じく、全員米を封筒に入れて持って行った。今度は二袋用意した。

見学する熊本城、水前寺公園、阿蘇山に関して、しっかり事前の予習をして行った。

一日目。熊本城を見学した。熊本城は武将の加藤清正が築城したもので「銀杏城」とも呼ばれる。門（頬当御門）を入ると緑豊かな楠の木立の中に聳え立っていた。城を見るのは初めてで、あまりの大きさに驚いた。私たちは学んで来たばかりの「武者返し」の石垣に駈け寄って見上げた。地面付近は勾配が緩く、上に行くに従って勾配がきつくなる独特なもので、上の方は垂直に近く絶壁になっていた。近江の国から率いて来た特殊技術の石工集団が築いたとされている。大小の天守閣、櫓群も見事なものだった。城の中に入ると、突き当たっては右に左に曲がり、複雑に構築されていた。城を背景にクラス全員で記念写真を撮り、城を後にした。

次に水前寺公園に行った。細川忠利が禅寺水前寺を建て、後に寺を移してその跡に自分の別荘を築造した地。豊富な阿蘇伏流水が湧出して作った池を中心にした池泉回遊式庭園。築山や浮石、橋、松、芝生などの植木で、東海道五十三次の景勝を模したといわれている。富士山とおぼしき山も淡麗で趣があった。池には鯉が泳ぎ、水面には水鳥が群れていた。始め私たちは公園にはあまり関心が無かったが、造園の見事さに心を奪われた。広場の芝生で弁当を食べた後、三十分間の自由行動になった。入園した時から富士山の姿をした山が気になっていた。もちろん、立ち入り禁止であったが、みんなが駈け登っているのを見て私もつい登ってしまった。夜、旅館で登った生徒は廊下に出されてきつく叱られた。今でもほろ苦い思い出として残っている。

二日目は阿蘇登山だった。阿蘇山は世界最大級のカルデラであること。外輪山と数個の中央火口丘(阿蘇五岳)からなる活火山で、最高峰の高岳は標高千五百九十二メートルであることなどを学んで行った。折から低気圧が近づいていて、雲行きが怪しかった。でも、坊中という駅に降りて、私たちは張り切って登り始めた。ところが、三合目辺りまで登った時、とうとう小雨が降り始め、風も出てきた。視界も悪くなったため登山中止になった。

誰も雨具を用意していなかったので、濡れながら引き返した。元の登山口に辿り着いて土産物店で雨宿りをした。すると、みんなが私を見て笑っている。帽子の鍔に塗った墨が雨で流れ落ちて、顔とカッターシャツが墨だらけになっていたのだ。着替えなど持ってきていなかったので慌てた。幸いにも、旅館の人が洗って下さり、翌朝出発までには乾いていた。

朝、旅館の玄関で靴を履くとき、前日泥んこだらけのみんなの靴を、きれいに拭いてくれてあった。旅館の方の温かい心遣いに、みんなお礼を述べて帰った。そのことは今も心に深く刻まれている。

当時、カメラを持っていたのはH君だけであった。熊本城で写真屋さんに撮ってもらった一枚と、H君が水前寺公園の太鼓橋で撮ってくれた一枚が、唯一の記念写真である。薄茶色に褪せているが、今も思い出とともにアルバムに残っている。

15　工作時間

工作のK先生は、最も厳格な先生だった。最初の時間に「工作は刃物を使い、物を作る作業である。細心の注意をして取り組め」と、訓示された。

工作台は一メートル二十センチ四方、高さは七十センチくらいだった。脚は太い角材で頑丈にできていて、上面の両端には幅十五センチほどの厚い板が重ねてあった。工作室は狭いため、私たちは工作台を廊下や校庭に出して作業を行った。まず、基礎から一つずつ教わった。

板には柾目と板目があること。ノコギリには縦引きと横引きがあり、切る板に合わせて使い分けなければならないこと。鉋の歯の調整の仕方も、刃物の砥ぎ方も教わった。

刃物には両刃と片刃がある。生徒は鉛筆を削るために、筆入れ箱の中にみんな「肥後守」か「小刀」を入れていたので、それを教材にして研いだ。

「木元竹裏」という意味についても教わった。木は元（下）から裏（上）へ向かって、竹は裏（上）から元（下）へ向かって鉈を入れると真っ直ぐきれいに割れる。昔の職人さんは、このような言い方で解りやすく伝承している。

大工さんが使用する曲がり金（直角に曲がった物差し）の使い方も教わった。板に直角に線を引くときに使う。裏には平方根の目盛りが刻まれていた。

教室で使用する塵取りをよく作ったが、小学校の教室の分も合わせると二十七教室あった。学校には材料の板が無いため、「次週は塵取りを作るので、各自、適当な板や角材を持ってくるように」と、言われた。私たちはそれぞれが持ち寄った板切れで、工夫しながら作った。

工作室にはいつも壊れた机や椅子が持ち込まれていた。それらの修理も行った。また、校舎の板壁や渡り廊下の板壁など簡単な修理も行った。農業実習用の鍬や柄の壊れたものなど、農耕具の修理なども行い、鎌も研いだ。すべてが実際に役立つ授業だった。

三年生になり卒業が間近になると、集大成として「壁掛」を作った。大きな孟宗竹を長さ八十センチほどに切り、それを半分に割って、表皮を小刀やガラスの破片で丹念に削った。上部と下部には、糸鋸で細工し飾り模様を施した。

下準備が終ると、K先生（書道も担当されていた）に、格言の文字を毛筆で書いてもらった。その際、K先生に必ず格言の意味を説明し、将来の決意のほどを述べなければならなかった。格言は自分で考えて決めた。みんなに人気のあった格言は次のようなものであった。

「敬天愛人」「質実剛健」「堅忍不抜」「不撓不屈」「自主独立」「一心不乱」「誠心誠意」「苦学力行」「独立独歩」「初志貫徹」「勇往邁進」「真実一路」。

裏面に「昭和二十七年 講和条約発効の年」と書いて下さった。それを家に持ち帰り、小刀を使って文字をなぞり、丁寧に彫り込んだ。幾日も掛かった。彫り終わると紙やすりで磨き、彫り込んだ文字に白エナメルを塗り、最後にニスを塗って仕上げた。卒業生にとっては大切な作品となり、大概の生徒は

床の間の柱に掛けて飾った。
K先生の厳格な教えは心に深く刻まれ、今も生き続けている。

16 バザー

当時「バザー」は聞き慣れない言葉で、とても新鮮な感じを受けた。今では普通の言葉になったが、元はペルシア語で市場を意味し、慈善市のことである。毎年二月、父兄参観の学芸会が講堂で行われた。その日に合わせて、生徒たちによるバザーが開かれた。

時折、みぞれが舞う校庭に長机を持ち出して、その上に全員がそれぞれ工夫し、時間を掛けて作った作品

をずらりと並べた。
　板では塵取り、炭入れ箱、タバコ盆、ナベスケ（鍋敷き）、藁っごろ（藁打ち）、本立て、筆立て、手紙差しなど。藁では縄、草履、カガイ（農作業用の入れ物）、ハガマ（羽釜）取りなど。竹では孟宗竹の花入れ、柱掛け花入れ、火吹き竹、団扇立て、メジロ籠、手箒、竹トンボなど。針金では炙り子、火箸など。すべて日常家で使うものばかりだった。
　板は買えないため、古材を探し出しカンナ掛けした。釘は大工さんでも容易に手に入らない時代で、金物屋さんにも売っていなかった。そこで古材から抜いて、への字に曲がった釘を金槌で真っ直ぐに伸ばして使った。そのため釘の大きさも長さも不揃いだった。工作の先生からは「とにかく丈夫なものを作れ」と、指導された。体裁は二の次であった。

この季節は農閑期のため、多くの父兄が来た。「これはあなたたちが作ったの?」と訊かれた。「はい」と答えたが、みんな「買ってください」とはなかなか言えず、恥ずかしそうに突っ立っていた。

私は三年生のときはカガイを作った。藁をすぐって藁打ちし、縄を綯い、縒りを入れる。次にカガリ作り用の道具を使って、縦縄・横縄を念入りに編んで行く。編み終えたら二つ折りにして、両端を交互に組み合わせ、最後に丈夫な縄の吊り紐を通し、双方を結び合わせるとでき上がる。時間の掛かる面倒な作業を幾日もかけて二組(四つ)作った。

当日、売れるようにと祈る思いで並べた。ところが「これはよくできている」と、早々に二組とも売れた。自分の作品が初めてお金になった。うれしくて、ポケットに手を入れてお金を何度も確かめた。

出品した作品の中では、縄と草履がよく売れた。

途中で学芸会の出番を知らせに来た。大勢で歌う合唱だった。みんなで何回も練習をした「ボルガの舟歌」と「ローレライ」を、ドキドキしながら歌った。

成績の良い生徒は劇を演じ学芸会の係をしたが、私は売り場係りだった。売れ残ったものは、早速その日から家で役に立った。

17　学有林

卒業式を間近にひかえた三月。毎年、全校の男子生徒は学有林の植林と手入れ作業を行った。学有林は学校から南に三キロメートルほどの所にあった。隣町との境に当たり、小高い尾根が東西に連なる南斜面にあった。出発前に校長先生が「君たちが、今日植える苗木が大きくなるのは、三十年四十年後だろうが、しっかり植えなさい」と、訓示された。

農業先生からは細かい注意があった。生徒は予め持って行くものが決められていて、ナタ、ナタ鎌、唐鍬、ノコギリなど、みんな家のものを持って行った。

作業内容は下草を刈り、藪や蔓を払い、古株を掘り起こし、その後に杉と松の苗木を植えることだった。裾野の緩やかな斜面には杉の苗木、急斜面の中腹から尾根にかけては、松の苗木を植えることになっていた。

現地に着くと、学年・クラスごとに山裾の道に並び、五、六人で一組の班を作り、一斉に山に分け入った。戦時中に雑木林の木が伐採されて、大きな木は生えていなかった。

でも、所どころに山椿・ゆずり葉・モチノキ、山桃の木だけは残されていた。山椿にはメジロがやって来る。ゆずり葉は正月に飾るめでたい葉である。トリモチノ木は皮を剥いで搗《つ》き、トリモチを作り小鳥を捕るのに使われる。山桃の木は子どもたちの好物の実をつけた。切るに忍び無かったのだと思う。

入口付近にはススキ、ヘゴ（シダ）、石蕗、木イチゴ、野茨、サルトリイバラなどが生い茂っていた。厄介だったのは、草藪に這うように群生している野茨とサルトリイバラのトゲだった。小さな鋭いトゲがいっぱいあり、さっそく手や足を引っ掻かれた。またハゼの木は葉を落としているので、見分けが付かない。うっかり触ってしまうものなら、かぶれてしまう。毎年、漆にかぶれる生徒が何人かいた。

いよいよ作業に取り掛かった。植えてある小さな苗木がしっかり育っているかを確かめ、もし斜めになっていたら真っ直ぐに直す。蔓やカズラが絡んでいたら、蔓の根を切り、蔓を取り除くことだった。中腹に差し掛かると急傾斜になった。つつじ・ハゼの木、ガマズミ、シャリンバイ、ヒサカキなどが生えている中を、切り株やカズラなどを伝いながら登った。あちらこちらに、まだ雑木の切り株があった。その根っ子を唐鍬で掘り起こして斜面を引きずり降ろした。裾野付近では燃やす係がいて、根っ子や枝を勢いよく燃やしていた。初めはみんなはしゃいでいたが、次第に無口になり、黙々と作業を行った。

足元からいきなりウサギが飛び出すことがあった。野ウサギは素早い。アッという間に逃げて行った。野兎の巣穴らしいものを見付けると、みんなで取り囲み、棒で突いた。

正午。「べんとう！」と、号令が掛かった。私たちは遠足気分で尾根近くまで登り、眼下に広がる麦畑と遥か隣町を眺めながら食べた。休む間もなく午後の作業に取り掛かった。午後は一時間ほどで「作業終了！」が告げられた。元の道に集合して点呼が行われ、現地解散になった。

私は仲のよい友だちと、山伝いにヒサカキやワラビなどを採りながら帰った。

18 ウサギ追い

春、三月。卒業式を前に、学校では色々な行事が行われた。中でも吹上浜での「お別れ遠足」で行われる「ウサギ追い」は恒例になっていた。深い松林と大砂丘での大捕物に私たちの血は燃えた。

終戦後にいち早く防風林として植えられた松は、立派に成育し、もう松林になっていた。海岸に近い所の松の根元は漂砂に埋まり起伏もできていた。浜辺の大砂丘の上にはハマヒルガオとハマゴボウが群

生し、海側は急傾斜になっていて、飛砂を防ぐために幾段にも砂止めの柵が施してあった。

ウサギをまず大砂丘へ追い出し、その後で急斜面へ追い落とそうという作戦であった。男子生徒は、長さ一メートルの青竹を持って参加した。松林の入り口に横一列に並んで、浜辺の大砂丘の上に追って行くのだ。合図を待ち切れずに、どのクラスからともなく、われ先にと分け入った。うす暗い松林の中を、枝や藪をかき分けて突き進んだ。新しい糞を見つけては、群生しているグミやススキの藪を叩いたり突いたりした。巣穴らしいものを見つけると興奮して、竹で突いたらウサギが飛び出してきた。みんなで取り囲んでいたのに、アッという間に足元を駆け抜けて行った。横合いからも、いきなり足元を駆け抜けるウサギもいた。野ウサギは素早い。あちらこちらで「おったどー」と叫び声があがった。士気は一段と高まり、ワーワーと声をあげながら、更に突き進んだ。

大砂丘の上では、漁師から借りてきた網やバレーボールのネットを張って、待ち構えていた。いよいよ、大捕物が始まる。ウサギは前足が短いので下り方向に追い込むと転がってしまうと言われていた。でも、そんなことなど言ってはいられなかった。示現流よろしく打ち込むが、アッという間に逃げられた。

海側の大砂丘を転がり落ちたウサギがいた。そのウサギは干潟で貝掘りやバレーボールをしている女生徒の叫び声の中を走り抜けて波打ち際まで行き、また引き返して来て松林に逃げ延びたのもいた。毎年、数匹は獲れた。その獲物がどうなったか私たちは知らなかったが、元の松林に放されたらしい。

ウサギ追いが終わると、私たちは大砂丘の上で弁当を食べた。やがて満ち潮に変わり、みるみる潮が満ちて来た。
「楽しき今日も早や暮れ近し」生徒たちが帰った後には、壮大な夕日が東シナ海に沈んで行った。

19　ふるさとの駅（薩摩万世駅）

薩摩半島を縦断するように「南薩鉄道」が走っていた。鹿児島県唯一の私鉄だった。鹿児島本線の伊集院駅から加世田駅を経由して枕崎まで、四十九・六キロメートル。小さな蒸気機関車が客車と貨車を懸命に牽いていた。海辺を走り、山裾を縫い、田畑の中を走り抜け、薩摩半島住民の動脈として人々の暮らしを支え親しまれていた。

町の「薩摩万世駅」は、加世田駅から区間わずか二・五キロメートルの、たった一駅だけの支線の駅であった。町の人にとっては、始発駅である。

半農半漁の町の暮らしは貧しく、地元の中学校や高校を卒業すると、大概の人が都会に働きに行った。三月から四月にかけて、地図にも載っていないようなこの小さな駅で、悲しい別れが繰り返された。

大阪の紡績工場に働きに行く子等には、
「辛抱するんだよ」
「工場には万世の姉さんたちがいるから心配しないでね」
「姉さんたちのいうことを、よく聞くんだよ」

「手紙だけは忘れぬように書くんだよ」
　こんこんと諭されての、巣立ちの旅立ちであった。まだ、あどけないオカッパ頭同士が、ホームで別れを惜しんだ。
「さいなら」「さいなら」「元気しちょいやいなー」「あたいも後から行ってなー」
　お互いに手を取り合い泣いて別れた。今日見送った子も数日後に、今度は見送られて故郷を後にすることになっていたのだ。小さな胸に不安と希望を抱き、まだ明けやらぬ「一番汽車」で未知の地を目指して発って行った。一旦、鹿児島市に行き、急行「きりしま」で福岡、大阪、名

古屋、東京方面へと向かった。

薩摩万世駅は、それぞれの人生の始発駅でもあった。発っていった子の家族に会うと、「行っきゃしたちなー、とじんのないやしたろ」（行ってしまわれたそうですね。寂しくなられたことでしょう）と、労りの声を掛けた。再び薩摩万世駅に戻って来るのは、二年か三年後の正月かお盆であった。私は昭和三十二年に故郷を後にした。

薩摩万世駅は、昭和三十七年に廃止された。最後まで残っていた伊集院〜加世田〜枕崎間も、昭和五十九年三月に全線廃止されて、七十年の歴史に幕を閉じた。

戦後の暮らし　編

1　手車

当時、町で自動車を所有している家はまだ無かった。荷物を運搬するのは、荷馬車か手車かリヤカーだった。手車は大概の家にあったが、リヤカーのある家も僅かだった。堆肥や農作物のサツマイモや麦などを運ぶのは、もっぱら手車を使った。それは大八車を少し小さくしたような人力荷車で、木製の車輪に鉄の箍《たが》をはめてあった。荷台には長い梶棒があり、先端に横木が取り付けてあった。両側に側壁を立てて、荷崩れしないように囲った。

家の手車を使用する時、手車を組み立てるのは私の役目だった。まず車輪の片側を上にして油を差しながら、ガタンゴトンガタンゴトンと回転させた。片方の車輪にも差した。ドロリとした油が朝日を受けて青緑色に光った。

山裾の畑は急坂の道があるため堆肥を多くは積めない。母は「きょうは加勢人（姉と私）がいるから、十二積もかい」などと言いながら、カガイに堆肥を詰めた。手車での運搬は子どもたちも立派な労働力になった。

畑にはいつも堆肥を積んで行った。麦刈りに行く時は、サツマイモの植え付け用の堆肥を、サツマイモ取りの時は、麦の植え付け用の堆肥を運んだ。農繁期には農道をガタゴトと手車が忙しく行き交った。道幅が狭いためにすれ違う時は、荷の軽い手車がいち早く片輪を藪や土手に入れて通してやった。

大人たちは「あいがとごわした。せしけやんど」（有り難うございました。お忙しいでしょう）「おやっとさあ。精が出もすなー」（ご苦労様。精が出ますね）などと、短い言葉を交わした。山裾の畑はどこも坂道の難所があり「こん坂が無ければよかたっどん」と、みんなが思っていた。

山肌を削って作られた道は、一度雨が降ると川底のように荒れて、乾くとカチカチに固まり、轍《わだち》の跡が幾筋もできた。車輪が轍にはまらないように、手車を右に左に繰りながら上らなければならなかった。後ずさりしないように、両足を懸命に踏ん張り梶棒の横木に腹を当てて「よいしょ　よいしょ」と、掛け声をかけて上った。次第に横木が腹に食い込んできた。

坂道を下るときも大仕事だった。手車に

はブレーキが付いていなかったからだ。梶棒を両腕で固め、両足で懸命に踏ん張りながら、ゆっくり慎重に下った。それでも、次第に加速してくる。後ろの人は手車の後部に縄を掛けて、後に引っぱり転がらないようにした。車輪が軋《きし》み、積み荷ごと左右に大きく傾いた。途中にある曲がり角は最も危険な個所で、横転した人もいた。

中学生の時、他所の畑を借りてサツマイモと麦を植えたことがあった。そこは長い坂道が続き、くの字に曲がった所にあるため、上りと下りがよく見通せた。私は農作業をしていても落ち着かなかった。手車が上り口に差し掛かると母と目配せして、駆け下りて行き、上まで押してあげた。下る手車があると、今度は駆け上がって行き、用意しておいた縄を手車の後方に掛けて、転がらないようにしてあげた。手伝うことの喜びは大きく、その畑に行くのが楽しみだった。

2 山裾の畑

わが家の畑は、山を切り拓いた山裾に二カ所、飛行場跡地に一カ所あった。山裾にある「平原」の畑は耕作面積が一番広くて、最も汗を流した畑だった。そのことを書いておきたい。

家からは南におよそ二・五キロあまりの所にその畑はあった。手車を引いて行く時は、隣の集落を通り抜けて神村橋を渡り、川沿いの農道を六百メートルほど行くと坂道に差し掛かる。名だたる「ちんの坂」である。山の斜面を削って作られた急坂が二百メートルも続く難所だった。大概の人たちは、上り口で小休止して一息入れた。手に唾して「ソレッ」と、再び上り始める。えっちらおっちら汗だくになって上った。ようやく上り切ると、一気に視野が開けた。山の上まで切り拓いた畑が広がり、そこにはいつも涼風が吹いていた。

更にそこから二百メートルほど行くと行き止まりで、そこが手車の置場になっていた。農繁期には狭い場所に、手車がひしめき合うように置かれていた。左手の松林の中には荷馬車から解き放された馬が繋がれていて、尻尾で絶えず虻を追い払い、チャリンチャリンと轡《くつわ》が鳴っていた。

手車置場からは三方に農道が分れていて、細い藪道をそれぞれの畑に向かった。平原の畑は左手の道を下って、山間の狭い田んぼを突っ切り、小さな丸木橋を渡る。その辺りにはマムシがいるので、気を付けるようにといわれていて、マムシを見掛けることがあった。実際に噛まれたおじさんがいた。

更にくねくねの藪道を三百メートルほどいったところの一番奥に畑はあった。その藪道を堆肥やサツマイモを入れたカガイを担って行き来した。

畑の南側には他所の畑が二枚あり、その先は緩やかな雑木林、東南の角は杉山になっていた。大雨が降ると杉山から流れ出た水で侵食されて、畑の東側は深さ三メートルほどの崖である。崖の向こうは灌木と藪原で、雉が飛び立ち、ウサギが姿を現すことがあった。時々五郎おじさんたちが、猟銃を肩に犬を連れて雉撃ちに来た。

崖下には大きな杉の木が三本あった。わが家の畑から崩れ落ちたもので、杉の木のてっぺんによくカラスがやって来て、私たちの作業の様子を見ていた。遠くの仲間と鳴き交わす声が「アホウアホウ」と

聞こえて癪《しゃく》だった。
　また、崖下にはハゼの木も数本生えていた。夏にはカラスウリの蔓がハゼの木に絡み、立ち上がってきて、白いレース状の神秘的な花を咲かせた。秋になると赤い実が無数にぶら下がった。採る人はいないので、遠くからは鈴なりの柿のように見えた。
　頭上では鳶《とんび》がのんびりと大きな輪を描きながら、トヒーンヒョロロと鳴いていた。時々カラスが二、三羽で攻撃を仕掛けていたが、鳶は悠然と舞っていた。晩秋には百舌《もず》がやって来て、けたたましく鳴いて縄張りを主張していた。
　畑にはサツマイモと麦を植えた。そのほか端っこに大根、人参、牛蒡、里芋、大豆、小豆、西瓜、瓜なども植えた。決して肥沃な土壌ではなかったが、わが家の生計を支える大事な畑だった。

3 道作り

年に二回、春と秋の農繁期を前に農道の補修作業が行われた。野良に畑と田んぼを所有し、同じ農道を使用する家は、各戸一人ずつ作業に従事しなければならなかった。

春は田起しと麦刈りの準備が始まる頃だった。秋は稲穂が色づき、サツマイモの取り入れが始まる前に実施された。

朝、七時に現地集合。集合場所は潟下にある橋や田の神様の碑がある所だった。中学生になると、私も友だちと一緒に行った。予め決められている唐鍬と草払いをする鎌を持って行った。みんな知らないおじさん、おばさんたちばかりだった。長老の世話人が各班に分けて作業区域と分担が決められた。当時の農道は狭くて手車一台がやっと通れる幅しかなかった。堤防沿いの班は道の両側にはみ出した竹を切り払い、農道脇に生い茂った草を刈り、根っ子を掘り起こして元の道幅に広げた。道に出来た轍の跡や凸凹を均し、水溜まりができる個所には山土を入れて踏み固めた。

崩れた土手の補修も行った。土留め用の棒杭を打ち込み、竹を切ってきて、幾段にも編みあげ、山土を入れて固めた。

川浚《さら》いも行った。川幅は三メートルほどであったが、両岸から竹が覆いかぶさりトンネルのようにな

っていた。水深は子どもの脛くらいだった。ところが、梅雨時や台風シーズンには水嵩が増し、濁流となって氾濫するため、おろそかにできない作業だった。川に堆積している土砂や竹などを取り除いて水の流れをよくした。

川には青色のきれいなカワセミが生息していて、作業中に肩をかすめ飛んだ。木橋が幾つか架けられていて、古くなった橋の取り替えも行われた。作業の中で最も大掛かりなものだった。木橋は漁師から譲り受けた廃船の船底板や側壁板で、大きな船釘がいっぱい打ち込まれていた。渡る度に撓《たわ》んだものである。

「わっこどんな、一人前なかたっで、せっぺきばらんなすまんど」（あなたたちは一人前でないのだから一生懸命がんばらないといけないのよ）と、よくからかわれた。大人たちが一服してタバコを吸っている時も、私たちは小まめに働いた。

昼過ぎに作業は終わった。世話人から「よくきばったね」と、労《ねぎら》いの声を掛けられ「出欠のホシ」を付けてもらった。

私は一人前に扱われたことに満足して帰った。

4 サツマイモ作り

戦後の日本の食糧危機を救ってくれたのは、正しくサツマイモであった。サツマイモは長雨にも日照りにも強く、痩せ地でも逞《たくま》しく育つ作物である。町中の畑という畑には、サツマイモが植えられた。わが家でもいっぱい植えた。

三月下旬。まず、苗床作りから始まる。屋敷には菜の花や草花が咲き乱れ、花の蜜を求めてミツバチが飛び交い、モンシロチョウが舞っていた。苗床は屋敷に縦三メートル、横一メートル二十センチくらいのものを二つ並べて作った。

裸足になって土を掘り起こすと心地よかった。土の中から、セミやカナブンの幼虫がいっぱい出て来た。それらを鶏小屋に投げ入れながら作業を手伝った。深さ三十センチほど掘り、周りを竹と藁束で囲った。下から切り藁、粗堆肥、肥（人糞尿）、堆肥、モミ殻を敷きつめる。その上に冬の間、土穴で大

切に保存しておいた種イモを、一つひとつ並べて土を被せた。

春のやわらかな日差しの下、土と堆肥と肥が屋敷中に漂った。それこそがわが家の匂いであり、春の息吹を感じさせる匂いであった。数日経つと、ポコリポコリと芽が出始める。毎日、感動的な朝を迎える。一つの種イモから数本の芽が出る。芽は日増しにぐんぐん伸びて、やがて苗床を覆い尽くした。

麦刈りが終わると、その後に直ぐ植えた。二毛作である。刈り取った麦の株根を鍬で鋤き返し、土台にして堆肥を敷いて大きなカマボコ型の畝を作り、蔓を植えた。土を盛り上げて行くのは大変な労働であった。中学生になると、鍬の使い方も畝作りの手順もしっかり覚えた。植え付けの作業

はいく日も続く。朝、登校前に「学校から帰ったら、きょうはどこそこの畑に来るように」と、言い付けられた。蔓は直ぐ根付き、すくすくと伸びて、脇芽も出て四方に蔓と葉を広げた。同時に厄介な雑草も生えてはびこった。

　夏休みになると「暑《ぬ》くならんうちに」と、朝早く草取りに行った。朝露が残る農道脇にムクゲの木が淡紫色の花を咲かせていた。もう九時頃には太陽が背中をジリジリと照りつけた。絡み合った蔓を畝に戻しながら草取りをした。ホトクイ（メヒシバ）にオヒシバ）は根を張っているため、五本の指を根の下に入れて、用心深く抜かないと畝が崩れてしまう。最も厄介な草だった。

　草いきれと肥がむせ返り、正午を告げるサイレンが待ち遠しかった。行きたくない

日もあった。「そろそろ西瓜も瓜も食べごろになっているだろう」という母の言葉に釣られて行き、炎天下で西瓜を鎌でザックリと割ってかぶりついた。生温かくても喉の渇が癒された。
　毎年、明日はカラクイ（竹田神社の夏祭り＝七月二十三日）という日に、初掘りして帰った。
　晩秋。紅葉が始まり、サツマイモの葉が黄ばみ、霜にこがれる頃、いよいよ取り入れが始まる。一年で最も忙しい時期である。学校は三日間「サツマイモ取り休み」に入り、子どもたちは野良に駆り出された。立派な労働力になったからであるが、嬉しいような、嬉しくないような休みだった。いつもは寂しい山間の畑が賑わう。行き交う大人たちは「せしけやんど」（お忙しいでしょう）と、互いに声を交わした。

初めに蔓を切り払う。蔓は絡み合っているので、払うのも容易ではなかった。切り払うたびに、コウロギやミミズなどの小さな昆虫が、いっぱい這い出してきた。一株ごとに期待しながら鍬を入れて行く。掘り起こしたサツマイモの茎を切り離す作業は祖母が行った。それを一山ずつカガイに入れて手車置場まで何回も運んだ。

昼食は掘りたてのサツマイモを焼き芋にして食べた。ほっこりとして美味しかった。昼食もそこそこに、私は雑木林の秘密の場所に行き、アケビとムベの熟れ具合いを確かめて来た。「こん忙しけ」と、母に言われたが、野良の畑での唯一の楽しみだったのである。

秋の日は短い。昼間はあれほど人がいて賑わっていたのに、日が傾くと急に寂しくなった。急がないと取り残されてしまう。

「おやっとさまー。まだ戻いやはんかー。日が暮れもんどー」（ご苦労様です。まだ戻らないのですか。日が暮れますよ）と、お互いに労りとねぎらいの声を掛け合いながら家路を急いだ。

取り入れたサツマイモは、小屋の前に敷いたムシロの上に積み上げた。それを母と祖母が丁寧に茎と尻尾をむしり、種芋用、農協用（売品）、自家用、くず芋（鶏や学校の豚飼育用）の四つに選り分けた。農協用は叺《かます》に入れて手車で農協に運んだ。農協の前庭には持ち込まれたサツマイモの山が幾つもできていた。

最後に大事な作業がもう一つ残っていた。種芋の保存である。保存に失敗すると来春大変なことになる。わが家では一度失敗している。日当たりがよくて通気のよい屋敷に、二穴作った。直径八十センチ、深さ九十センチくらいの穴を掘り、側面には稲藁を立てて囲った。底には水はけのよい麦藁を敷きつめ、その上にへゴ（シダ）を置き、更にモミ殻をいっぱい敷きつめて、種芋を大切に保存した。地上部分は雨水を防ぐために三角錐にして、上部を折り返した。母は時々、覆いを開いて空気を入れ換え、中を覗き込んで、蒸れていないか、腐ったものがないかを確かめていた。

5 米作り

「米」という字は、八十八と読むことができる。そのため昔から米を作るには、八十八もの多くの手間が掛かると言われている。私も子どもの頃、母から教わった。

わが家も狭い田んぼながら米作りをした。田んぼで一番大切なのは水であり、水の管理である。田植えの前にまず、山間の小川の川底に溜まった土砂、落ち葉、枯れ草などの川浚《さら》いを行った。取水堰の点検、用水路の補修なども行った。地域の長老が世話人となって、同じ用水路を利用する田んぼの持ち主たちが、力を合わせての作業だった。

二毛作ができるため、秋の稲刈りを終えた田んぼには、幅一・五メートルほどの大きな畝を幾つも作り、畑代わりにして小麦、菜種、キャベツなどを栽培した。

畝と畝の間の深い溝にはフナ、コイ、ウナギ、ドジョウがいっぱいいた。私たちは溝をせき止めて、かいぼりをした。泥だらけになって手づかみにしたが、子どもたちにとっては、田植え前の楽しい遊びの一つになっていた。どうせ畝は壊して田起しするので、大人たちは大目にみて咎《とが》めたりはしなかった。

いよいよ、田起しが始まる。三股という農具で畝を壊し、入念に平らにした。牛で鋤《す》く光景も見られた。田んぼに水を張る前に、土手や畦を泥でしっかり塗り固めた。同時に苗代作りが行われた。

塩水選（塩水を使って種モミを選り分ける）、浸種（種モミを水に浸して発芽しやすくする）、芽出し（種モミを播いてから温度を上げて芽を出させる）など、技術と経験を要するため、わが家では経験者に依頼していた。田植えは、親戚や近所の人たちに手伝いを頼み、大勢で一気に植えた。手伝いはお互いに順繰りに行っていたので、雨の日でも決行した。

私は苗運びを手伝いながら、間縄《けんなわ》の役目も行った。間縄とは苗株の間隔を整えるもので、棕櫚《しゅろ》で綯った縄に等間隔に赤い布の目印がしてある。

田んぼには蛭《ひる》がいっぱいいて、脛に喰い付いた。同時に二匹喰い付くこともあった。手で引き離すと鮮血がどろりと出たが、そのまま平気で手伝いを続けた。

昼、手伝い人には、ボタ餅と煮しめなどのご馳走が振る舞われた。田植えは目出度い祭り事でもあったので、畦道でひと時の会話が弾んだ。

田植えが終わった田面では、蛙の鳴き声が賑やかになった。子どもたちは蛙釣りに興じた。餌は何でもよかった。私たちはシソの葉をまるめて糸で結び、細い竹の先に吊るして、ちょんちょんと動かすと、忽ち数匹の蛙が寄ってきた。何回か、じらせて、喰いついた瞬間にびゅーんと空中に放り上げる。こっ

ちの田んぼから、あっちの田んぼへ。より高くより遠くへ。帰りの畦道で、仕返し？に、蛙からションベンを掛けられた。掛けられるとイボができるという言い伝えがあり、あまり気持ちのよいものではなかった。

イネはすくすくと伸びて、さわやかな風が田面を吹きわたる。

夏。炎天下で、除草、害虫の駆除、肥料やり、水抜き、また水張りと、手間の掛かる作業を続けた。

実りの秋を迎えると、雲一つない青空の下に黄金の稲穂が波打つ。そこへスズメが群れをなして稲穂を食い荒らしに来る。いくら追っ払っても、またやって来る。

わが家の田んぼにも「へのへのもへじ」の案山子を立てた。紐にキラキラ光る貝殻を括り付け、音がするように工夫した空き缶を吊るすなどして、スズメ威《おど》しをした。

その頃、一にも二にも台風が来ないことを願った。薩摩半島は台風銀座と言われており、しばしば台風が来て、稲を無残に吹き倒した。穂先まで泥水に浸かってしまうと、もう起しようがなかった。

稲刈りを前に、私たちはイナゴ捕りをした。稲穂や葉にとまっているイナゴは手で簡単に捕ることができた。捕ったイナゴは封筒に入れて、なぜか学校に持って行った。どうやら佃煮にされるらしかったが、イナゴを食べることなど思いもよらなかった。

いよいよ稲刈りである。台風の被害を受けた年でも、人々は気を取り直して稲刈りをした。泥田は水を抜いた後も、足首までズブリとぬかるんだ。一株一株刈り取った稲は束にして、田んぼに設えた稲架に掛けて数日天日干しする。夕方、刈り終えて小川で足を洗うと急に肌寒さを覚えた。稲刈りが終わると、秋は一段と深まる。豊作でも不作でも、新米は神棚と仏前に感謝を込めてお供えした。

「米の一粒ひとつぶに神様が宿っておられるのだよ」と言っていた、祖母の言葉が思い出される。

6 麦作り

二毛作ができる私たちの地方では、サツマイモの収穫の後に麦を植えた。晩秋、季節風が吹き始める頃だった。山裾の畑では木々が紅葉し、周辺の高い梢で百舌《もず》の鋭い鳴き声が聞かれた。縄張りを宣言する百舌の高鳴きである。浜辺の畑には浜風が吹き、波音が一段と大きく轟いた。もう肌寒くて、畑の一角で焚き火をしながら作業に取り掛かった。

わが家では、小麦と大麦を半々の割合で植えた。畑の表土を平らにすることから始めて、鍬で畝を掘り起こして行く。畝に堆肥を敷いて少し土を被せ、その上に種を播いた。中学生になると、私も均等に播けるようになり、種播きを任された。

その様子を、三本杉の上からカラスが見ていた。播き終えて帰ったあと、播いたばかりの種麦をカラスがほじくってしまうのだ。私は癪で、スズメギッタ（木の股パチンコ）でカラスを撃退した。

年が明けると冷たい土の中から一斉に芽を出した。芽の伸び過ぎを押さえ、根張りをよくするために麦踏みをした。子どもの頃はなぜ大事な麦を踏むのか、その理由が解らなかった。早朝、ゾウリ履きで行き、北風を背に体を横向きにして踏んで行く。霜柱が立っている時もあり、足が冷たくて痛いほどだった。麦踏みは数回行った。その度に土入れの道具で土をすくって、根の部分に撒いた。いずれも、根を丈夫にするための知恵であった。

三月から四月に掛けてすくすくと伸びてくる。薫風が渡る中、今度は草取りに行った。途中で他所の畑で黒い穂（黒斑病）を見掛けると抜いてやり、その茎で麦笛を作って鳴らした。上空には鳶が悠然と舞い、のどかな時が流れていた。

六月、麦秋を迎える。周辺の野も山もすべてが緑一色に包まれている中、麦畑だけが茶褐色に染まる。何とも不思議な光景になった。麦刈りは梅雨の晴れ間を縫って行った。学校は三日間「麦刈り休み」になり、子どもたちは朝早くから畑に駆り出された。前の日、私は張り切って鎌を五、六本ゾリゾリに研

いだ。鋸鎌はヤスリで目立てをした。もう真夏を思わせるような日差しの下で、ザクッザクッと、勢いよく刈った。

刈り取った麦は稲藁で一束ずつ結わえ、更に大きな束にした。それを、両端が尖った担い棒を前後に刺して、手車置場まで何回も運んだ。

農作物はしばしば天候に左右されることがあった。長雨の時は麦が倒され、刈りづらく実入りもよくなかった。麦刈りではよく左手の小指を切った。すると、母は土手の蓬《よもぎ》を摘み、手の平で唾を付けて揉みほぐし、傷口に当て、手拭いの端を裂いて縛ってくれた。傷はズキンズキンと痛んだが、麦刈りを続けた。

麦刈りしている畝から、いきなり雉が飛び立ったことがあった。ギリギリまで卵を

抱いていたのだ。周辺を刈り残すことなど思いもよらず、私は麦刈りの余禄とばかりに卵を持ち帰った。

昼の弁当を食べ終わると、すぐコガネグモ捕りをした。そこら中の藪や灌木に巣を張っているコガネグモを、長い竹笹で巣ごとかすめ捕った。蜘蛛合戦用にするためのもので、枯れ枝に十数匹這わせて持ち帰った。庭や生垣に放しておくと、翌朝、それぞれに見事な巣を張っていた。忙しい最中であったが、母は何も言わなかった。コガネグモ捕りも、野良の畑の楽しみの一つだったのだ。

家に運び込んだ麦束は数日間、屋敷で天日干しした。この頃はまだ梅雨が明けきらず、梅雨の晴れ間に脱穀作業を行った。天候によって麦束を納屋に入れたり、出して

干したりと、面倒な作業が幾日も続いた。

大麦は庭に筵を敷きつめて、鋭い千歯で扱《こ》いだ。千歯は幅一・五センチ、長さ四十センチほどの鉄片を、二十本くらい櫛の歯のように植え込んであり、穂先をしごき落とす。穂先だけを集めて木臼で小突き、最後に箕《み》で殻をパッパッと吹き飛ばした。いやなカッサ（芒《のぎ》）が周辺に散らばり、背中やズボンの中にまで入ってチクチクと刺した。

小麦は戸袋の前に筵を敷き詰め、大きな木臼を横にして置き、麦粒が飛び散らないように、両側を雨戸で囲った。その中で木臼に向かって一束ずつ、穂先を力いっぱい叩きつけた。パラパラとよく弾けた。でも、あまりにも原始的な方法だったので、私はやりたくなかった。

麦束を運びながら、屋敷と庭に熟れている枇杷とグミを食べた。小麦は石臼でひいて粉（小麦粉）にして、パン、うどん、菓子などの原料にした。わが家ではカッパヤキ（フライパンで焼いたケーキ）を作ってもらった。水団（スイトン）にもなった。また、自家製の味噌・醤油の原料にもなった。茎は長くて丈夫だったので、小屋に積み上げて保存しておき、藁屋根の葺き替えや修繕用に使った。

大麦は麦飯、押麦、自家製の飴、醤油・味噌の原料になった。

この小麦、大麦と同時期に実を付ける大豆も畑から根っこごと引き抜いてきて、屋根や庭に数日間干しておいた。暑い日差しの下で実はパチパチと弾き始め、その頃合いを見て「めぐり棒」で叩いた。空中で回転させながら思い切りパタンと振り下ろす。乾燥した豆殻は固く、素足で踏むととても痛かった。大豆は蒸して自家製の醤油や味噌の原料にした。蒸し豆はそのまま食べても美味しいので、近所にお裾分けした。

中学生になった頃、足踏み式脱穀機が使われるようになった。わが家では親戚から借りてきた。足で踏むと唸るような回転音が響いた。なかなか使い慣れない祖母に代わり、得意になって脱穀作業を行った。唸《うな》る音はあちらこちらから聞こえてきた。

数年後には農協に動力脱穀機が導入されて、集落の広場で共同の脱穀作業が行われるようになった。

7 地引網

町の新川港は吹上浜にそそぐ、万の瀬川の河口に作られていた。江戸時代の末期以来、南薩地方随一の商業港として栄えた港だった。今は地引網漁などが行われる漁港になっている。当時の名残の二百メートルにわたる石積みの船着場には、発動機船や手こぎの漁船・伝馬船などがずらりと係留

されていた。

朝早く「船が出もんで、頼んもんでなー」と、道端から網元のハルコおばさんが網引きの加勢人に声を掛けて回った。母もよく引きに行った。潮時にもよるが、まだ暗いうちに出掛けることが多かった。二、三人ずつ連れだって新川港に集まった。私も中学生になると、春休みや日曜日に時々引きに行った。

まず、網小屋から長い地引網を船に積み込む作業から始まる。次にサンベテゴ（竹編みの魚入れ籠）をいっぱい積み込んだ。魚が痛まないように、氷の代わりに笹葉が一杯入れてあった。他の網元でも積み込み作業を行っている。よい漁場を取るため、船は積み終わるやいなや、競って外海に漕ぎ出した。

引き手のおじさんやおばさんたちは、大砂丘の松林を突っ切って外海に出た。潮が引くと遥か沖合まで干潟になり、遙か沖合に大海原が広がる。東に金峰山を望み、西に薩摩半島西南端に聳える野間岳を望む。景勝の地での地引網に、みんなの心は逸《はや》った。

沖合で魚群を探していた漁船から網が入れられた。網は両側を囲うようにV字形に入れられた。網の先端には丈夫な長い引き綱が繋がれていて、陸に向けて張られた。準備が整うと、いよいよ網引きが始まる。引き手は右手と左手に分かれて、陸地を背に海を見ながら綱を引く。引き手はみんな自分用の「引っご」を持っていた。引っごは幅十センチほどの丈夫な布や棕梠で作った輪で、これを腰に当て、先端を引き綱に引っ掛けて、後ずさりしながら引くための用具である。

「エーンヤ」「エーンヤ」「エンヤコロサッ」と、掛け声はのんびりしていたが、足と腰にはグッと力が入っていた。

沖の伝馬船からは「右手は、もっと引け！」、今度は「左手、引け！」と、手旗信号よろしく旗が振られた。引きながらV字の網幅を次第に狭めていった。

手繰り寄せられ網が現れると、今度は潮水に腰まで浸かりながら引いた。そして、袋網が近づくと、一段と気勢が上がった。アジ、イワシ、サバ、カレイ、キス、カワハギ、コノシロなど、種々な魚が跳ねた。真ダイが掛かることもあった。逃げ場を無くした魚の群れは網袋に追い込まれ、網袋が膨れ上がってきた。大漁だ！　おじさんたちが張り上げる大声は、まるで怒鳴っているように聞こえた。

船は波が来る度に大きく揺れて傾いた。私も胸まで浸かり、波にもまれて浮き沈みしながら、網にし

がみついていた。クラゲもいっぱい入っていた。おじさんたちは、いまいましそうに網の外へ抛《ほう》り投げた。
　ゴシッタン網（木の股枝を丸くして、それに網を張ったもの）ですくって船に揚げ、サンベテゴに入れられた。
　干潟で貝掘りしていた人たちが集まって来た。あわよくば、網から逃れ出たアジやイワシを掴み取ろうとした。腹を横にして弱っているようにみえても、魚は摑もうとすると急に元気づいて逃げられた。
　昼の弁当は、お決まりのサツマイモにメザシだった。大砂丘のハマヒルガオやハマゴボウが群生している所に、まとめて置いてある弁当をカラスの群れに狙われた。「カラスを追っ払って来い！」と命じられ、私は追っ払いに行った。流木を振り回

わすとカラスは数メートル飛びのくが、それ以上は逃げない。畜生め！と、こんどは軽石を次々に投げて追い払った。網を引いたり追っ払いにいかされたり、中学生の私でも大いに役に立った。

夕方。一日の網引きを終えると、みんな重い足を引きずって元の港に戻って来た。「めてわけ（分配の魚）」をもらって、そのまま、すぐ帰れるわけではなかった。網船が港に着くのを待って、網干しの作業をしなければならなかった。船から下ろされた網を、網干し竿の所までみんなで運んだ。濡れた網はとても重かった。せっかく乾きかけた服が、また濡れてしまった。漁師にとって網は命そのものである。みんな大事に扱った。

網干しが終わると、船からサンベテゴが

下ろされて、浜砂の地べたに魚がひと山ずつ盛られた。その日の報酬である。

網元のおじさんから「おやっとさー」と、労いの声を掛けられて、ひと山ずつもらった。子どもたちもひと山もらえた。豊漁の時はめてわけの魚も多く、後日、分配金が支払われた。子どもたちには分配金は無かった。不漁の時は、めてわけも分配金も少なかった。

夕暮れ迫る中を家路へと急いだ。母はそれから夕食の支度に取りかかった。

8 ウミガメ

時々同級生が、ウミガメの卵を学校に持ってくることがあった。「昨夜、前ん浜で取ったんだよ」と、亀の仕草をして得意気

に話した。卵はピンポン玉くらいの大きさで弾力があり、机や床に落としても割れなかった。吹上浜はウミガメの産卵地としても知られている。夜、浜辺に行くと産卵に巡り合えると言われて、子どもたちの心をくすぐった。

初夏の夜。私も友だちと数人で夜の浜に行った。夜空は満天の星だった。夜の海はゴーゴーと海鳴りが轟き、とても不気味で怖かった。ウミガメの産卵に出会えることを期待し、うす暗い闇の中に身を潜めて、波打ち際と広い砂浜に眼を凝らしていた。ウミガメはとても警戒が心強くて、人の気配を察知すると、すぐ海に引き返すそうだ。怖い思いをして数回いったのに、一度も出会えなかった。

時々、地引網にウミガメが掛かることが

あった。小さいウミガメはその場で海に放され、大ウミガメは港まで連れて来られた。「亀は万年」目出度い動物である。漁師にとっては尚更で「亀がやって来ると大漁になる」と、大変喜ばれた。

私たちは「亀がかかった！」と、聞くと港に走って行った。大ウミガメは網干し場の砂地に敷いたゴザの上に置かれて、大勢の人が取り囲んでいた。大きいのに驚いた。私も甲羅を触らせてもらった。手でコンコンと叩いてみたら、とても硬かった。

既に焼酎が用意されていて、みんなが見守るなかで漁師が亀の口に焼酎を注いだ。ついでに大人たちも焼酎を飲んで祝い合った。大ウミガメの目からは白い液体が流れ出た。ほんとうは涙ではないのに、私たちには亀が涙を流して、喜んでいるように思えた。漁師たちは大漁と海の安全を祈願し、フジツボが付着している甲羅にも焼酎をたっぷりかけて、元の海に放した。

ウミガメは絶滅の危機にあり、今は卵を取ることは厳しく禁止されている。回遊性のウミガメの生存率は、わずかに五千分の一とも言われている。

9　貝掘り

潮の満ち引きは、一日に四十分くらいずつ遅くなる。町の人たちは、みんな知っていた。

友だちや近所の人たちと、引き始めの時刻を見はからって貝掘りに行った。行楽ではなく、夕食のお

かず用の貝掘りだったが、楽しみでもあった。
　私たちは自分用の「貝かっ《け》」（貝掘り道具）という道具と、柄の付いた竹籠を持っていた。干潮時には遙か沖合まで干潟が広がり、見事な波の文様が現れた。私たちは「貝の目《け》」を探し、試し掘りしながら掘る場所を決めた。また、干潟を見回して人が固まっていると「あそこが出るらしい」と、たちまち人が集まった。
　シタケと呼ばれるアサリによく似た貝が生息していた。殻はすべすべして光沢があり、種々な模様が付いていた。半腰に構えて左から右へ、左から右へ扇形にザックザックと弾みを付けてかいた。「カチッ　カチカチッ」と、次々に手応えがあった。大きなものだけを取り、小さなものはそのままにしておくのが、決まりのようになっていた。

時々マテガイ（馬刀貝）の細長い楕円形をした穴を見付けることがあった。しめたーとばかり、その穴に塩をひとつまみ流し込んだ。すると、十センチほどもある細長いマテガイがむくむくと出て来る。穴からわずかに出た時、手でつまんで引っぱり出す。失敗すると、もう幾ら掘っても取ることはできなかった。垂直に相当深く潜っているからだ。

竹籠一杯になる頃には満ち潮に変わり、見る見るうちに潮が満ちて来た。広い干潟は平らではなく緩やかな起伏があり、低い所から潮がやって来る。貝掘りに夢中になっていると干潟に取り残され兼ねなかった。向こう脛くらいに満ちて来た時、潮水の中で竹籠をぐるぐる回しながら貝の砂落としをした。夜、早速シタケはそのまま大きな鍋で煮て食べた。ほどよい潮味がして美味しかった。

浜にはケレゲ（馬鹿貝）も生息していた。シタケより可成り大きいため、ケレゲ取りは胸が逸《はや》った。潮の引き始めに浜に行き、胸から腰の辺りまで潮水に浸かりながら取る。ケレゲ取りの用具は、長い棒の先に鉄製の三角形の歯が取り付けてあり、歯の部分の幅は二十五センチほどだった。海底に歯の部分を潜らせ、棒に括り付けてある紐を腰に巻き、後ずさりしながら引く。すると、ガチッという手応えがある。しめた！　とばかり喜んで足で探る。ところが、軽石や貝殻のことが多かった。時には大きな蟹だったりした。それでも根気よくかき続け、掘り当てて時の喜びは大きかった。ケレゲは腰に括りつけた網袋に入れた。時にはハマグリ、アカガイ、カズラガイ、ツメタガイなども採れた。潮はみるみる引いて行き、広い干潟になった。

10　からくい（夏祭り）

毎年七月二十三日に行われ、「からくい」の名で知られ親しまれている竹田神社の夏祭り。「弥五郎どん祭り」「妙円寺参り」と並び、鹿児島県下三大祭りの一つである。島津氏中興の祖で「いろは歌」でも名高い島津忠良公（日新公）が祀られていて、南薩地方一の人出で賑わう。

竹田神社は隣町の加世田にあった。子どもたちは夏休みに入ったばかりで、最も楽しいお祭りだった。いつもは裸足で町中を駆け回っているのに、この日ばかりは他所ゆきの小ざっぱりした服を着て、靴を履いて行った。毎年、出掛ける時「大勢の人が集まるので見苦しいまねはしないように」と、母に注意された。

朝、友だちと四キロ近い道程を心弾ませて行った。大鳥居を入ると石垣が築かれていて、境内には樹齢六百年と伝えられる大きなクスノキが立ち並んでいる。威容を誇る老木は歴史を偲ばせ、竹田神社の神域を一層幽玄なものにしていた。他に杉、イヌマキなどの大木が鬱蒼《うっそう》と生い茂っている。

境内奥の一段高いところに、拝殿・本殿が建立されている。私たちは神妙に拝礼した。

既に境内では勇壮な「士踊り《さむらいおど》」が始まっていた。士踊りには二才踊りと稚児踊りがある。戦国時代そのままの赤い陣羽織に帯刀姿で四股《しこ》を踏み、勝鬨を上げる複雑で勇壮な舞である。その他に棒踊り、太鼓踊り等を、次々と繰り広げて奉納する。近郷の町や村に代々伝わる歴史的な伝統・民俗文化が受け

継がれ、守られ、次の世代へと遺されていく。

鎧甲が威勢よく触れ合い、笛・鉦・太鼓の音が境内に響き渡る。互いに振り下ろす棒、エィエィと気合のこもった掛け声がこだました。私たちは緑陰の地面に座って見物していたが、全身に力が入り、舞いと掛け声に合わせ歓声を上げた。

神社の前を流れる水路の上に設えられた「からくり人形」は、最も有名だった。煌びやかな舞台の上で、等身大の人形がくるりくるりと回っていた。からくいの名前の由来である。

人形の題材は毎年変わり、軍馬に乗って弓を引いている加藤清正公など、歴史上の人物が多かった。水流を利用して水車がコトンコトンと緩やかに回り続ける。その仕掛けが子どもたちには解らず、とても不思議だった。境内の踊りと同様に人気が高かった。

炎天下、うだるような暑さと人混みの中で、アイスキャンデー売りが振り鳴らす鐘の音が、お祭りを一層囃《はや》し立てていた。僅かなお小遣いで一本五円のアイスキャンデーを買い、加世田川の高い堤防の上で食べて、また踊りを見たり、からくり人形を見たりして、人混みの中をうろついた。

三本目のキャンデーを買うと、もう小遣いはおしまいだった。途端に空腹を覚えた。誰からともなく「もう帰ろう」と、喧騒の祭りを後にした。

11 お盆

お盆は正月と並び、田舎では二大行事である。先祖の霊をお迎えし供養する大事な行事で、八月十四日と十五日に行われた。十三日を「迎え盆」、十六日を「送り盆」という。

お盆には先祖の霊が家に留まるといわれ、仏壇にお花、果物、菓子、そうめん、精進料理などを供えて、仏壇の左右に盆提灯を飾って故人を偲ぶ。提灯はお盆に先祖の霊や仏様が通る道「盆道」を明るく照らし、精霊が迷わず行き来できるようにとの、子孫のやさしい心遣いであると伝えられている。

お盆が近づくと、子どもたちはお墓に供えるシバ（ヒサカキ）を山に取りに行った。墓の掃除を手伝い、花筒にシバと屋敷に植えてある盆花（千日紅）、鶏頭花などを供えた。

校区内には大きな墓地が数カ所あり、わが家の墓は家から三百メートルほどの丘の上にあった。町と

吹上浜が一望できて、お盆の頃は夕日が真っ赤に海を染めて、東シナ海に沈んで行った。夕方「早くそうめんを食べて墓に行きなさい」と、言われたものである。

墓地ではそれぞれのお墓に提灯が灯り線香の煙が漂い、焼香者が行き交った。お盆には都会地から多くの人が墓参りに帰って来た。帰省した人たちは久しぶりに郷里の人に会って、故人を偲び、懐かしそうに言葉を交わしていた。

〈葬式〉

私の父は、昭和二十六（一九五一）年に亡くなった。中学三年生の時だった。当時はみんな土葬である。葬式行列の先頭は子どもたちが花（造花の飾り花）を持って務めた。出棺は夕方なのに、花持ちを頼まれ

た親戚や近所の子どもたちは、早々に集まって来た。家族や親族の悲しみなどよそに、読経の間も庭や道端で、まだかまだかと待っていた。
　家でお坊さんの読経が終わると、遺体が納められた棺に最後の別れをした。棺に釘が打たれ白い布で覆われると、人の動きが慌《あわただし》くなった。いよいよ出棺である。棺は縁側から出された。土葬のため、行列は直接墓地に向かった。旗持ちを先頭に、花持ちの子どもたち、遺影、墓標、棺持ち、屋形、その後に親族が続き、長い行列になった。道行く人々や通りにある家の人は、門口に出て合掌して見送った。
　墓地では読経は無かった。予め埋葬する穴は掘られていた。加勢人が四方から縄を掛け、家族、親族縁者が見守る中で静かに下ろされた。悲しみが込み上げ、すすり泣いた。うながされて、線香と花を投げ入れた。続いて一握りずつ砂を投げ入れて永遠の別れをした。

「よかか」と、声が掛かり、スコップでどんどん埋められた。埋め終わると土盛りして、その上に仮の墓標と屋形が置かれた。花持ちの子どもたちには、お菓子やミカンなどが配られた。家では親類の人や加勢人に、ささやかな精進料理と焼酎が出された。

〈初盆(新盆)〉

精霊を初めて迎える初盆は、八月十四日、十五日に手厚く行われた。親族縁者はもとより、故人とゆかりのある多くの方から、提灯・線香、ロウソク・そうめん・お悔やみ・お供物など、たくさんの戴きものをした。また寂しさが蘇った。

家族は昼前には墓に行き焼香客を迎える準備をした。故人の墓を竹で四角に囲み、戴きものと提灯を二段三段に吊るし灯明する。家族は墓前にゴザを敷いて焼香客を迎える。夕方から夜にかけて焼香の人が引きも切らずに訪れた。

「よか人じゃいやしたてい」「とじんのないやしたど」(良い人でしたのに。寂しくなられたでしょう)などと、故人を偲ぶ慰めの言葉を掛けられると、また悲しみが募った。

墓地には初盆を迎えるところが、あちらこちらにあり、それぞれ提灯の明かりが灯っていた。線香の煙が立ち上る墓地を、焼香客は墓地から墓地へと、焼香回りに急ぎ足だった。九時を過ぎると焼香客も

途絶えた。提灯を外すときの寂しさは譬えようもなかった。

12 台風

薩摩半島は毎年、台風の直撃を受けた。そのため「台風銀座」と呼ばれていた。台風は勢力を保ちながら、しかも、のろのろとやって来る。「台風が来るそうだ」「こんどは大きいそうだ」という情報だけは、口から口へと伝わった。しかし、いつ来るのか、どのくらいの勢力の台風なのかは、さっぱり解らなかった。ほとんどの家にラジオが無かったので、天気に詳しい漁師に聞きに行った。漁師は職業柄、空を見上げて雲

行きや、沖合の波のうねりの様子を見ながら教えてくれた。

二、三日すると、雲の流れが速くなって来た。正確な情報が無いまま「ほんとうに来そうだ」と、みんな台風の備えを始めた。わが家は藁葺と瓦屋根との折中造りだった。藁屋根は高く家は古いため、台風の度に吹き倒されてしまうのではないか、と心配だった。まず、雨戸を吹き外されないように、竹竿を雨戸の外側と内側に渡し、柱に括り付けた。カマドや台所の明かり取りのガラス窓は板で覆った。藁屋根のてっぺんには長い綱を数カ所引っ掛けて、庭石や木の幹などに結び付けた。

小屋の入り口の扉は太い角材で固

定した。鶏小屋は真っ先に吹き倒されるので、暴れる鶏を捕まえて籠に入れ土間に移した。ウサギは木箱に入れて小屋の中に移した。

わが家は床の間以外の部屋には、天井板が設えて無かった。屋根の修繕の時、天井が無い方が作業しやすいため、と聞かされていた。そのため、もし雨戸が吹き外され、一度暴風が家の中に吹き込むと、一気に屋根を持っていかれ兼ねない。

常食用にはサツマイモをいっぱい茹でて備えた。次第に暴風雨圏内に入り、雨混じりの強風が吹き出した。

台風の時は、すぐ電気が消えた。昼でも薄暗い家の中でじっと身構えていた。台風はグォーッ　グォーッ　グォーッ　ズッシーンと、まるで息をつくように襲って来た。その度に屋根の太い骨組みが、ゆさゆさと揺れて軋《きし》んだ。角材と竹編みの屋根裏は、まるでゴムマリのように、凹んだり膨らんだりした。煤《すす》がバサバサと落ちて来て、身の縮む思いだった。暴風は反時計回りに吹き、ますます強くなって来た。床下に吹き込んだ猛烈な風は、居間の畳をポコポコと持ち上げた。慌てて火鉢や石臼などで押さえた。私も畳を必死に押さえた。床は夏を涼しくするために、床の間以外の床は竹編みにしてあったからである。

風は北西になった時が一番強く、最も危険だった。堆肥小屋のトタン屋根が吹き飛ばされ、小屋の屋根瓦がびゅんびゅんと飛ばされた。もしもの時は、二軒隣りの八太郎おじさんの家に避難することになっていた。だが、とても外に出られる状態では無く、外は非常に危険だった。

枕崎台風の時は、とうとう玄関のドアが吹き飛ばされてしまった。玄関の土間にゴーッと吹き込んだ暴風は台所の壁を壊し、炊事場の窓から外へ吹き抜けた。もし、風が天井に向かっていたら、屋根を持って行かれるところだった。

必死に防護していると、急に暴風雨が止んだ。「台風の目」に入ったのだ。外に出てみると、空はうす黄色く霞み、薄日さえ射していた。何とも不思議な光景だった。

近所のシノおばさんの茅葺屋根の家が倒されていた。柱と壁が吹き壊されて、三角屋根が地面に覆い被さっていた。近所の人や消防団の人が集まり、おばさんを救出した。幸いおばさんは無事だった。

あちらこちらで、トントントンと釘を打つ音がした。台風の目に入っている間に、

壊れた個所の応急処置をしているのだ。そんな中を「無事だったか」と、いつも親戚の喜代二おじさんが案じて見回りに来られた。

静かなのも束の間で、再び激しい暴風が吹き出し、風向きは西に変わった。うす暗い中で身を潜めて、ひたすら台風の通り過ぎるのを待った。随分長い時間に思われた。

台風体験の中で、最も記憶に残っているのは、枕崎台風とルース台風である。ルース台風は中学三年生の昭和二十六（一九五一）年十月十四日の夜、鹿児島県串木野に上陸して一晩中猛威を振るった。私は怖い思いをしながら、まんじりともせず、夜の明けるのを待っていた。

朝、外に出てみると惨憺たる状況になっていた。堆肥小屋は吹き倒され、鶏小屋は跡かたも無くなっていた。毎年、一杯実を付けていた大きなボンタンの木が、二本とも倒されていて、地面にはボンタンがゴロゴロと転がっていた。庭木も、桃の木も、夏ミカンの木も倒れ、枝が折れていた。

わが家の生垣も、隣家の生垣も根こそぎ倒れて道路に覆い被さっていた。そこら中に、屋根瓦やトタン、板切れ、木の枝が散乱していて、道路は歩ける状態ではなかった。電柱は大きく傾き、電線が垂れ下がっていたので、感電には気を付けろと言われた。

それでも、私たちは登校した。校舎をぐるりと囲んでいる大きな松の木が、何本も捩《よ》じれるように折れていた。校舎と講堂の窓ガラスはほとんどが割れて、ガラスの破片が飛び散っていた。豚小屋のトタン屋根は吹き飛び、カマドは跡かたも無くなっていた。でも豚は生きていた。

その日は、授業は取り止めになり、全員で台風の後片付けをした。家の跡片付けは数日掛かった。

13 焼酎屋

わが家は焼酎屋の三軒隣りにあった。時々、イモ焼酎独特の匂いが漂って来た。秋、サツマイモの取り入れが始まると、わが町はもとより近郷の町や村からも、たくさんのサツマイモが続々と運ばれて来た。焼酎屋の倉庫前や敷地に、時ならぬ「サツマイモ山」ができた。石炭も運ばれて来て石炭の黒山もできた。

早朝から「ひよどい（日雇い）」のおばさんたちが、からいも山を囲み、一つひとつ選り分けて、茎

や尻っぽを丁寧に切り取る作業をしていた。母もよく行った。

私は幼かった頃は一緒に付いて行き、大きな樽の中に入ったり転がしたりして遊んだ。工場内はもうもうと湯気が立ち込めていた。高い煙突は黒煙を吐いていた。杜氏や職人のおじさんたちは、サツマイモを蒸したり押しつぶしたり、仕込み作業に大忙しだった。

この頃、焼酎屋前の狭い道路に、いつも二、三台の荷馬車が繋いであった。私は生垣とのわずかな隙間を怖々と走り抜けた。馬は尻尾で虻をしきりに追い払っていた。最盛期には四、五台連なることもあり、わが家の生垣にも繋がれていた。家の中に、チャリンチャリンと馬の轡《くつわ》が聞こえてきた。

ところが、生垣の竹笹を馬に喰われてしまった。祖母はぶつぶつ言いながらも、荷馬車が帰って行くと「よか馬糞があった」と言い、馬糞を拾ってきて、大切にしている牡丹の瓦囲いの中に置いた。馬糞を踏むと足が速くなると言われて、私も何回か裸足で踏んだことがあった。

サツマイモを運んできた荷馬車は、今度は焼酎瓶を積み、瓶の音をさせながら帰っていった。私たちはいつの頃からか、馬方さんとは顔馴染みになっていた。曲がり角までの二百メートルほどの距離を荷台に乗せて貰った。ゆらりゆらり、何よりの楽しみだった。

時には、木炭自動車がやって来た。大変珍しくて、動き出すまでみんなで見ていた。ところが、なかなかエンジンがかからない。「押《お》っさってくれ」と言われると、私たちは待っていましたとばかりに、喜んで力いっぱい押してやった。ようやくエンジンがかかり、動き出すと、われ先にと荷台に飛び乗った。一番目の曲がり角までの二百メートルほどを楽しみ、角で速度を落とした時に飛び下りた。

夕暮れ時、あちらこちらの家から一升瓶を持って、「焼酎を一合《いっご》たもんせ」と言って、一合二合の計り売りを買いに来た。私もよく行かされた。父も「ダイヤメ（晩酌）」をした。黒ヂョカで燗をして、肴は吹上浜で獲れた魚の「ブエン（刺身）」だった。

鹿児島では、ダイヤメも寄り合いの時も、祝い事なども、すべて焼酎だった。

14 薪取り

冬は農閑期である。いつもは畑仕事を手伝わされる子どもたちも、麦踏みにいくくらいで解放される。しかし、薪取りの山仕事の手伝いが待ち受けていた。ガスなど無い時代だったので、食べ物の煮炊きはすべてカマドで行い、燃料は薪だった。風呂（五右衛門風呂）も薪で沸かした。従って、冬の間に薪を確保しておくのは大事な仕事だった。

気心の合う近所の人たちと、山の一区画の「ぞっぎ（雑木）」を買い、自分たちで伐り出した。ある年は、家から二キロあまり西にある山のぞっぎを買った。そこは山の中腹の急斜面で、樫の木やクヌギなどが生えていた。雑木は曲がりくねり、真っ直ぐなものはほとんど無かった。毎日、学校から帰ると、山に来るように言い付けられた。帰るとカバンを放り投げ、カマドに茹でてあるサツマイモをポケットに入れ、ほお張りながら駆け足で行った。

西外れの集落を過ぎると、浜から北風が吹き付けた。みぞれやアラレの舞う日もあった。

父たちが切り倒した木の枝をナタで一本ずつ切り落とし、急斜面を引きずり下ろした。更に、山道を手車置場まで担いで運んだ。生木は大変重く、肩に食い込んでくる。数本運ぶと、もう夕暮れになってしまった。

伐採には暗黙の約束のようなものがあり、山椿、ゆずり葉の木、山桃の木、モチノキは切らず残しておいた。ハゼの木も切らなかった。うっかり触ってしまうものならかぶれてしまう。知らない間に触ってしまったらしく、首筋と腕がかぶれたことがあった。

山に行く日がいく日も続いた。日曜日には家族総出で朝から行った。昼食は枯れ枝を集めて、吹上浜で獲れたイワシをジリジリ焼いて、サツマイモと一緒に食べた。すぐ近くまで群れでやって来る、メジロの囀《さえず》りを聴きながらの昼食だった。

夜、昼間は気付かなかった切り傷と擦傷がヒリヒリと痛んだ。うす暗い電灯の下で赤チンを塗ってもらった。

幹運びが終わると、今度は切り落とした枝を集めて束にして持ち帰った。その作業も数日掛かった。運び終わると、次には薪割り作業に取り掛かった。薪割りは私の日課になっていた。

納屋前に積み上げた雑木の中から、まず比較的に真っ直ぐなものを選び出した。それらは、鶏小屋の柱、大根干しや洗濯干しの支柱、カボチャ棚の支柱にした。樫の真っ直ぐで最上等のもので、自分用の野球バットを作った。山ビワの木ではぶっゴマ（打ちゴマ）を作った。微かに唸るので、子どもたちに大変人気があった。モチノキの皮ではトリモチを作った。このように雑木を最大限に活用した後の残り

を薪にした。

小屋前の地面に棒杭を二カ所にX字に打ち込み、その上に雑木を置いて、木挽き用の大鋸で同じ長さに切り揃えた。曲がりくねっていて、しかも節が多くて、切るのは容易ではなかった。切り終わると、いよいよ薪割りである。

テレビなどで見かける薪割りは、柱にできそうな節のない立派な丸木を垂直に立て、斧の一撃で見事に真二つに割れる。だが、現実には雑木は垂直には立てられなかった。そこで台木の上に横にして寝かせ、オノを振り下ろした。振り下ろす度に、とんでもない方向に跳ね飛んだ。周りに人がいると危険極まりなかった。ある時、跳ね跳んだ薪が鶏小屋の柵を突き破って飛び込み、鶏を気絶させてしまったことがあった。

それでも、割った薪は小屋の軒下に井桁状に組み積み上げて行く。日毎に高く積み上がり、軒下には幾つもの薪の山が並んだ。

それを見上げて子ども心にも満足感を覚えた。労働の厳しさも知った。

15 越中さん

真冬。遙か雪国の富山から薬売りのおじさんはやって来た。町の人びとは親しみを込めて「越中さん」と呼んでいた。私も幼いころから越中さんのことは知っていた。毎年、わが家にも来ていたからだ。どこに泊まっていたのかは知らなかったが、木綿の唐草模様の大きな風呂敷包を背負っていたので、直ぐに解った。各家を一軒一軒回って、わが家にも越中さんの「薬袋」が置かれていた。母たちは越中さんとは顔馴染みで、お互いに深い信頼関係が生まれていた。

越中さんは日が差し込んでいる縁側に、風呂敷包をよっこいしょと置いた。母は「遠いところから、おやっとさま」と、遠路の労をねぎらった。

越中さんが開いた風呂敷包は大きな柳行李だった。その中には更に大小の行李が数個入っていて、行李を開けると薬独特の匂いがした。母は箪笥の引き出しから「家庭薬」と書かれた茶色の大きな袋を出してきた。越中さんは薬袋の中身を調べて、使った分の薬代を清算した。そして、また新しい薬を補充した。

薬袋には頓服、熱冷し、虫下し、苦い熊胆、反魂丹、貝殻に詰められた膏薬など、色々な薬が入っていた。私たちは「越中富山の反魂丹、鼻くそ丸めて万金丹、それを飲む奴あんぽんたん」と、言っていた。

柳行李を手早く片付けて、お茶を一杯すすりながら、「鹿児島は暖かくてよいですねー」

と話し、次の訪問家へ急いでいかれた。私たちは少々の風邪や腹痛では滅多に病院にはいかず、越中さんの薬を飲んで治した。

女の子たちは毎年、越中さんが来るのを楽しみにしていた。風袋《かぜぶくろ》（紙風船）を持っていることを知っていたので、帰るころには数人が集まって来て、もじもじしながら待っていた。

越中さんは「みんなよい子たちだね」と

誉めながら、風袋を一つずつあげた。女の子たちは早速膨らませて、小さな手の平でポンポンと打ち上げて遊んだ。

越中さんの薬は「先用後利」といわれる。「用いることを先にして、利益は後から」とした、富山売薬業の基本理念だそうだ。創業の江戸時代元禄期から脈々と受け継がれている。

16 市っどん（年の市）

わが町の小松原は、昔、港町として栄えた。商売のえびす様を祭り、師走の二十二日と二十三日に「年の市」が立った。その頃には、みぞれやアラレが舞う寒い日もあった。

小松原は町を東西に貫く県道（目抜き通り）の西の地域にあり、浄願寺と小松原倶楽部（公民館）周辺を中心に、およそ二百メートルほどの道路の両側に、近郷から色々な露天商が来て並んだ。もうすぐ冬休みということもあり、子どもたちはお小遣いが貰えるので、最も楽しい市だった。

年末・年始の用品は元より、あらゆる生活必需品を買い揃えることができた。鎌、鍬、唐鍬、スコップ、ナタ、斧、鋸、鉋、金槌、バール、砥石など、農作業用や大工用具。竹編みの農作業用品。笊や籠、塩籠など、台所用の様々な籠。当時、食べ物は竹籠に入れたり盛ったりした。冷蔵庫のない時代で、残りご飯や煮物などは丸い蓋つきの竹籠に入れて、家で一番涼しい場所に吊るして保存した。

茶碗、皿、どんぶり、小鉢、すり鉢、急須、銚子、盃、大火鉢に小火鉢などの瀬戸物。

包丁、まな板、羽釜、鍋、ヤカン、フライパン、鉄瓶、五徳、あぶりこ、火箸、黒ヂョカなどの台所用品。洗濯板、洗濯タライ、洗い桶などの日用品。

下駄屋さん。足袋屋さん。傘屋さん。駄菓子屋さん。玩具屋さんでは、男の子は、メンコ、ビー玉、コマ、凧、竹トンボ、双六など。女の子は、羽子板、手マリ、おはじき、カルタ、折り紙、紙風船、縄跳びなど。

植木市もあった。植木は一番西端にあり、ミカン・キンカンなどの柑橘類とヒトツバ（イヌマキ）。ヒトツバは庭木用と生垣用があった。キンカンはよく売れていた。一メートルほどの高さの木に、もう一杯実が付いていた。買った人は人混みの中を大事そうに持って歩いていた。わが家にも市っどんで買ったキンカンの木が三本植

えてあり、風邪の予防になると言われてよく食べた。

子どもたちの目当ては、言わずと知れた玩具屋さんだった。覗き込みながらすぐには買わず、行ったり来たりしてから、最後に私はメンコ、ビー玉、コマを買った。メンコは厚紙で円形の中に甲兜《よろいかぶと》姿の凛々しい武将が刷られていた。一番人気は加藤清正だった。夜、メンコのシートから胸をわくわくさせながら一枚ずつ抜いた。コマはケンカゴマで、本体と四センチくらいの鉛の芯が別々に売られていて、芯は自分たちで打ち込んだ。早く回したくて水に浸しもせずに打ち込み、割れてしまったことがあった。

凧、竹トンボ、スズメギッタ（パチンコ）、竹馬など、自分で作れる物は買わなかった。

夜、母が「これはコージ、これはヨシコ」と、正月に履く下駄と足袋を見せてくれた。

「市っどん」が終わると、いよいよ慌ただしくなった。生垣の剪定と繕い、大掃除、障子の張り替え、餅つき、裏山での門松・ウラジロ・ユズリ葉採り、庭に撒く白砂取りと、子どもたちもそれなりに役割があった。

♪もういくつねるとお正月
お正月には凧あげて
こまをまわしてあそびましょう
はやくこいこいお正月

17 正月

鹿児島の正月は暖かくて穏やかな日和が多かった。白砂を撒いた庭のホウキ目も清々しく新年を迎えた。

名ばかりの門柱にしめ縄を飾った。毎年、お隣の太吉おじさん手作りのものだった。真ん中にウラジロ・橙・炭を結んで吊した。里芋を括り付けることもあった。左右の門柱には、白砂（火山灰のシラス）を円錐形にこんもりと盛り上げ、門松・竹・ユズリ葉の枝を立てた。それらは暮れに私が裏山から採ってきたものである。

元日の朝は、にこやかに家族揃って雑煮で祝った。その後から墓参りに行った。道端で大人の人に会うと、決まって「幾つになったね?」と訊かれた。当時は数え年だったので、みんな正月に一歳ずつ年を取ったからである。

学校では「新年式」が行われた。ほぼ全生徒が登校し、講堂に整列した。壇上の大きな花瓶には正月らしい松・竹・梅が活けてあった。おなご先生は袴の正装だった。校長先生の新年挨拶の後、厳かな雰囲気の中で「一月一日」の歌を歌った。

年の初めの　例《ためし》とて
終《おわり》なき世の　めでたさを
松竹たてて　門ごとに
祝《いお》う今日こそ　楽しけれ

初日のひかり　さしいでて
四方《よも》に輝く　今朝のそら
君がみかげに　比《たぐ》えつつ
仰ぎ見るこそ　尊とけれ

式は三十分くらいで終わり、教室でみんなと新年の挨拶をして帰った。私は仲のよい友だちと校庭や運動場で野球や陣取りこをして遊んだ。家に帰ると、正月のおしょうけ（ご馳走）が待っている。思い切り腹をすかして帰った。午後からもまた外で夕方まで遊んだ。ケンカゴマ、凧揚げ、竹馬、メンコなど、みんな自分たちで作ったものばかりだった。

町には映画館は無かったが、住吉座（芝居小屋）で正月映画が上映された。風に乗って流行歌が流れて来た。でも、見に行ったことは無かった。

二日は「正月っ出《で》」といって、親元や親戚に年始に行き来する習わしがあった。わが家は親元のため、隣町に嫁いだ伯母や叔

母たちが来た。農家の人は義理堅く、大きな鏡餅を背負って来た。鏡餅は床の間に重ねて飾られた。

各部屋の襖を開けはなって、男衆は床の間で祝った。黒ヂョカで焼酎を飲み交わし、盛んに気焔を上げていた。女と子どもたちは居間でひっそりと祝った。子どもにも一人前のお膳が並べられたので、年に一度の楽しみだった。

食べ終わると子どもたちは縁側や庭で遊んだ。いとこであっても、めったに会うことが無いので、お互いにモジモジしていた。私は自慢のメジロを見せた。蔵多山で捕ってきたものでよく囀《さえず》っていた。餌の作り方や落とし籠の微妙な仕掛けなどを教えてやった。いとこからは、トリモチの作り方などを教わった。たわいないことで、いつの間にか打ち解けた。

正月には都会から大勢の人が帰省して来た。いつもは静かな町が賑わい、道端で出会うと、「どこんゴエさん（娘さん）じゃいやしけ」「まこてー、見知《みし》ったんごっ、べっぴんさんになってー」（まことに見違えるように美人さんになって）という声が聞かれた。中学校や高校を卒業するとすぐ都会に働きに行き、数年の間にみんな見違えるように垢ぬけして帰って来たからである。そして「いついっきゃしとな?」「もっとおいやればよかてい」（いつ行かれるの。もっといればよいのに）と言った。数年ぶりに帰って来たのだから、一日でも長くいて欲しいと思う心情を口にするのだった。

道端では、よくればぼ（酔っぱらい）にも出くわした。三が日は無礼講で、長閑で質素な正月だった。

子どもの遊び編

1 クモ合戦

鹿児島では、コガネグモのことを「ヤマコッ」と呼ぶ。コガネグモは円形に近い網を作り、網の中心にいて、頭を下にして止まっている。非常に攻撃的で、餌の昆虫などが網に掛かると、瞬時にその振動に反応し、接近して噛み付く。因みに体型は、雄は雌の五分の一程度の大きさで小型である。

島津義弘公が文禄・慶長の役（一五九二年～九八年）に参戦し、その陣中で兵士の士気を高めるために、コガネグモの雌を集めて戦わせたのが「クモ合戦」の始まりと伝えられ、今も六月第三日曜日に行われる、鹿児島県加治木町のクモ合戦は有名である。

麦刈りの頃、私たちは腹部に黄色と黒の横縞模様があるヤマコッを夢中になって探し、採集した。ヤマコッの居る場所は、餌になる昆虫がいる所、日当たりのよい所、人が容易に踏み込めない藪の中の灌木などに巣を張っていた。尻がいくら大きくても脚が短いのは弱い。それには目もくれず、専ら脚長で強そうなのを探し、長い竹笹で巣ごとすくい捕った。友だちと競って野良の藪を駈け回り、何匹も捕ってきた。それらは家の庭木や生垣、屋敷の木々に放しておくと、翌朝、習性とはいえ一夜のうちに見事な巣を張っていた。網の巣は地面に対して垂直に張られていた。

ヤマコッには特別に餌を与えることはしなかった。よく観察すると、カナブン、蝶、トンボなどが巣に捉えられていた。アブラゼミを捕獲していたこともあった。獲物が掛かると、すかさず独楽のように

回しながら、尻から出す白いねばねばした糸でぐるぐる巻きにして、円い巣の中央に運んで食べていた。時々いたずらで生き物ではない葉っぱなどを投げ入れると、すぐ近づくものの、獲物でないと解ると、糸を振動させて巣から振い落した。

学校から帰ると宿題などそっちのけで、自慢のヤマコッを持ち寄って庭先で戦わせた。みんな脚長の強そうなヤツを数匹持ってきた。長さ五十センチほどの棒を目の高さに水平にして片方を持ち、対戦させる二匹を両端に対峙させる。

いよいよ合戦開始である。この時のために藪を駆け回ったのだ。私たちの士気は一段と高まった。

「上は山じゃっ、下は川じゃっ、負けたら地獄じゃっど」と、囃しながら尻をちょんちょんと押して追い立てた。二匹が出会うと、激しく絡み合った。強いヤツが一瞬にして尻に噛みつき、糸でぐるぐる巻きにした。勝負ありである。また棒から落とされ尻を上にしてぶら下がると、上のヤマコッが糸を切って落とした。これも勝負あり。地面に落ちてしまうと、たちまち蟻の餌食になってしまった。

自分のヤマコッが負けると悔しくて、もっと強そうなヤツを家に取りに帰り、また戦わせた。大人たちはこの戦いには関心がなく、専ら子どもたちの遊びだった。

2　榎とヤグラ

榎はニレ科の落葉高木で、高さ約十メートルから二十メートル、直径一～三メートルにもなる。暖地に多く、江戸時代には街道の一里塚に植えられたらしい。何故かわが家の周辺には榎の大木が十数本あった。

私が生まれたときには、わが家にも大木があったそうだが、記憶に無い。枝が大きく張り過ぎて藁葺屋根に掛かって、家屋に日陰をもたらしたので、切られたのだという。根に近い切株部分で三個の臼を作ったと祖母は自慢していた。その臼は私が中学生の頃には使用していた。

親戚のソヨばあさんの家の榎も大木で、幹の空洞に梟《ふくろう》が棲み着いていた。夜になると「ヨックロシヨックロシ」と鳴くので、不気味で怖かった。

夏休み、子どもたちは、午前中は畑仕事を手伝わされた。しかし昼からは解放されたので、炎天下でも鉄砲玉のように飛び出て外で遊んだ。私は仲のよい友だちと「ヤグラ」を作り、スリルと冒険を楽しんだ。

榎には天を突くように真っ直ぐに伸びたものもあったが、子どもたちでも登れる曲がった大木も数本あった。木によってそれぞれ登る方法をみんな心得ていて、コブや空洞・枝の切り口などを手掛かりにして、幹に抱き付いてよじ登った。四方に大きく張った枝に数本の垂木を縦横に渡し、枝に縄でしっかり括り付けた。その上にゴザを敷いてヤグラを完成させた。ワクワクしながらのヤグラ作りだった。更に縄梯子《なわばしご》を作って枝に吊り下げた。また竹竿を登攀《とうはん》棒《ぼう》代わりにして、枝に結び付けて登り降りした。ブランコを括り付けて遊んだりもした。うだるような暑さでも、木の上は涼しかった。夏休み中、そこが子どもたちのたまり場となった。ヤグラで本を読むはずもなく、ましてや勉強などはしなかった。

榎は小さな実を一杯付けた。実は甘くて食べられるらしいが、私たちは食べたことはなかった。その代わり実が鈴なりになっている枝をへし折ってベルトに差し、手作りの竹鉄砲で撃ち合った。弾はスポンと飛び出し、いくら撃たれても痛くはなかった。

ヤグラを根城にして枝から枝へ、更にてっぺんまで登った。てっぺんからは集落の家々がよく見渡せた。高い梢には玉虫がいっぱい飛んで来た。強い陽射しに綺麗な翅がきらりと光った。その玉虫を網で捕獲して夏休みの昆虫採集の標本にした。

男の子たちが居なくなると、今度は女の子たちが来て、木陰にゴザを敷いてママゴト遊びを楽しんだ。

3 ギンヤンマ

サツマイモの苗床の周りにカボチャを植えた。カボチャは蔓が延びるので、丈夫な棚を作り、その上に這わせた。大きな葉が茂り、その下には格好の日陰ができた。夏休み中、そこにはゴザやムシロが敷かれ、近所の子どもたちが集まっては遊んだり、少しだけ勉強をしたりした。

ギンヤンマのことを私たちは「ホンボイ」と呼んだ。鹿児島ではトンボのことを「ボイ」と呼ぶ。シオカラトンボやアキアカネなど、他のトンボは眼中になく、ギンヤンマだけが本当のトンボというわけ

である。大型で、姿、形、色の鮮やかさ、それに悠然と飛翔している姿に胸がときめいた。

自然が失われていく昨今、あの雄姿・雄飛を見ることは、もう絶望的になりつつある。

私は夏休みの宿題などそっちのけで、炎天下のホンボイ釣りに熱中した。ホンボイは田んぼや溜池、用水路など、至る所に飛んでいた。でも遠くまで行かなくても、近所の畑や屋敷を一回りするだけで、たちまち数匹は釣れた。飛んでいるのは、ほとんどが雄だった。雄は垣根など何らかの仕切りがあると、その範囲内を縄張りとして、行ったり来たりして飛ぶ習性がある。縄張りの上空を他の雄が通過するだけでも、瞬時に高く舞い上がって闖入者《ちんにゅうしゃ》を追い払っていた。

捕獲する方法は、おとりの雄を糸に結わえて細い竹の先端に括り付け、円を描くようにぐるぐる回す。おとりで釣るアユ釣りと同じ要領である。回しながら「ホンボーや　ホンボーや　ゲットゲット」と、呪文を唱えた。すると、目ざとく見付けて猛然と飛んで来る。自分の縄張りから追い出そうと、おとりの後を追い掛けて、一緒にぐるぐる回り始める。もう人間など目に入らないらしい。追い付いてカシャカシャと絡みついた瞬間に、おとりごとパッと地面に引き付けて、素早く手で押さえ込む。愉快でならなかった。

時には私の指に噛み付くのもいた。大して痛くはなかったが、外そうとしても喰いついて離さない。終りには喰い付いたまま頭が千切れてしまうこともあった。小さいながらも獰猛だった。釣ったホンボイは翅を指の間に挟んで持ち、次の畑へ走って行った。

ホンボイの雌は滅多にいなかった。おとりが雌のときは、状況がまったく異なる。縄張りへ糸で結わえた雌を飛ばせておくだけでよい。雄がスーッと飛んで来て、おとりの雌と連結した。私たちはグワンをしたと喜んだ。連結させせたまま道路を飛ばせて、得意満面で家に帰って来た。その頃ようやく状況に気付いたらしく、ホンボイは離れて逃げて行った。

滅多にいない雌はどうして捕るか。それは夕方のお楽しみであった。夕焼け空の小学校の運動場に、種々なトンボが無数にやって来て乱舞した。運動場の南側は松林で周辺には民家が点在し、畑も田んぼも無いのに、どうして集まって来るのか不思議でならなかった。ともあれ私たちは、無数に舞っている

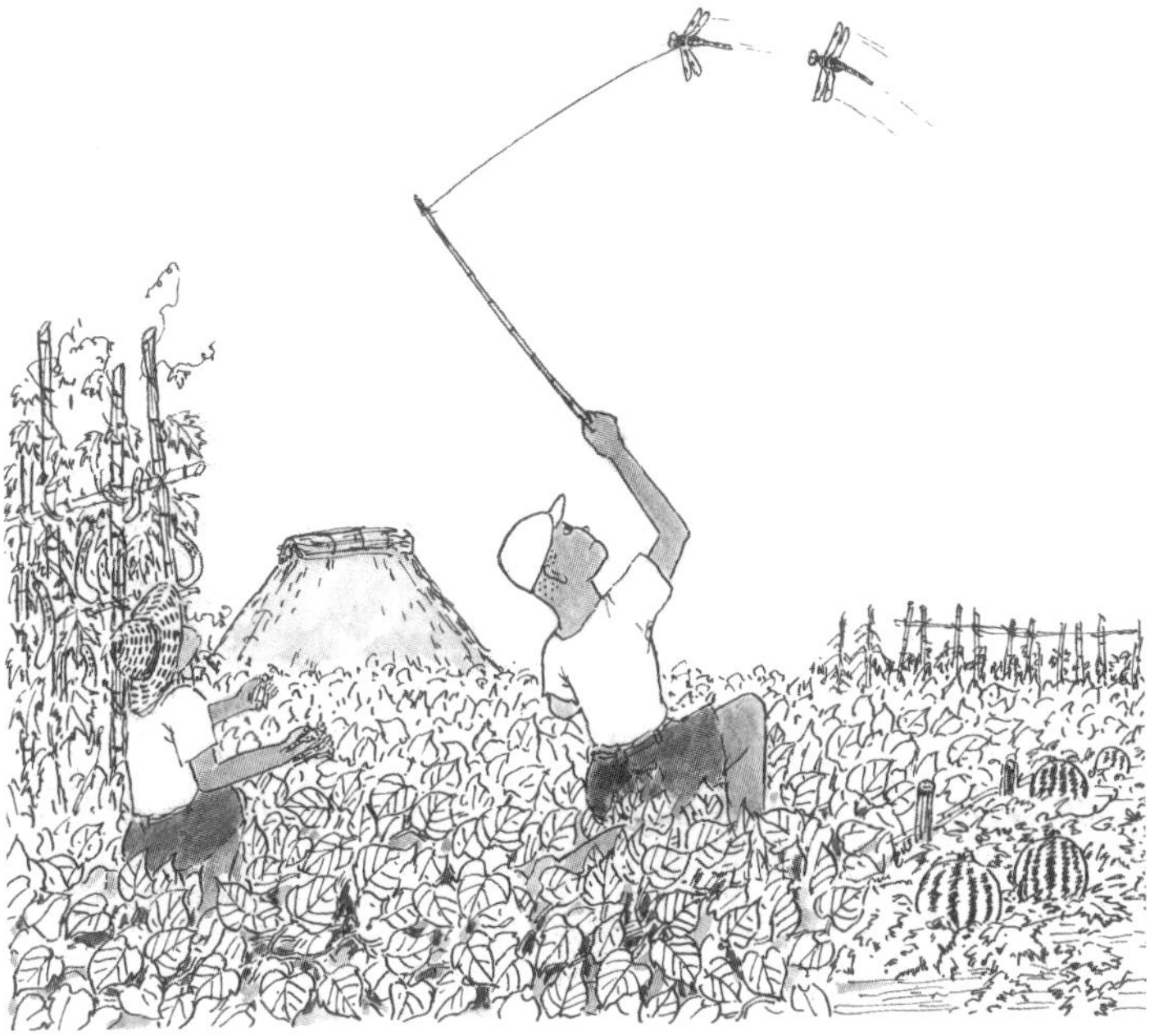

トンボの中からギンヤンマの雌だけを狙った。夕闇せまる中でも、大型で翅が濃いアメ色をしているので識別できた。
　大人たちまでもが来て「ホンボイかけ」に興じた。これには「ボイカケ」という仕掛けを使う。東京などでは「ブリ」と言うそうだ。ヒナゾミナという小さな巻貝に釘で穴を開け、長さ四十センチくらいの髪の毛の両端に括り付けたものである。それを二つ折りにして真ん中に指をかけて中腰に構える。飛んで来るのを待ち受けて、ホイと空中に放り上げる。これには絶妙なタイミングを要する。重りの巻貝を獲物と勘違いして近づいた途端に髪の毛が翅に絡むのだ。カシャカシャと羽音をさせながら地上に落ちて来る。絡みついたまま地上一・二メートルの高さを飛び続けるのもいた。そ

の後をジャンプしながら追い掛けた。家に帰ると「また夕暮れまで遊んで！」と、母から小言を言われた。

4 陣取りこ

「陣取りこ」は、集団遊びの代表的なものだった。用具は何もいらず、体一つでできた。しかも、上級生・下級生、年齢の差別なく平等で一緒に遊べた。

二つの軍に分かれて戦う。数十メートル離れてお互いに相手が見通せる場所に陣地を定める。立ち木が一番よかった。

「サーン」という合図で始める。ルールは、両軍の陣地から一人ずつ交

互に出て、自分より先に出た子を追いかけて捕える。タッチするだけでよい。ルールはみんなしっかり守った。

捕まると「とりこ」になってしまい、相手方の陣地に繋がれる。とりこはお互いに手を繋ぎ合って、少しでも自分の陣地に近付けて味方の救援を待つ。攻防の末、運よく味方に助けられると、自分たちの陣地に戻れて返り咲く。交互に出陣するため、足の速い子でも追いかけながら追われる。その後をまた追う子がいて、入り乱れての競争になる。

捕まる寸前に、ひらりひらりと身をかわす忍者もどきの子もいた。建物の陰や床下にそっと隠れたり、草藪や木の茂みに潜んで奇襲作戦の得意な子もいた。勝負が着くと、今度は互いの陣地を変えてまた戦った。四季折々に色々な遊びをしたが、陣取りこは四季を通じての遊びだった。

遊びの中から、子ども社会の秩序が生まれた。足も丈夫になった。運動会の徒歩競争やリレー、集落対抗リレーの熱狂的な盛り上がりなどは、正しく陣取りこから生まれたといってもよい。

5 肝試し

私たちの集落では、子どもたちだけの集まりの常会で、肝試しが行われていた。精神鍛錬のためであった。当時は街灯があるはずもなく、夜になると暗闇に包まれて物音一つしなかった。夜道を歩く人もほとんどいなかった。「やっせんぼ（意気地なし）」の私は、夜がとても怖かった。

夏の夜。馬頭観音の碑がある寂しい場所に集められ、草むらに座らせられた。闇夜の中を夜烏が鳴きながら飛び、梟の鳴き声が遠くから聞こえてきたりすると、より恐怖心が募った。

「火玉（人魂）が青白い尾を引いて、スーッと飛んだ。昨夜も墓で飛んでいた」

「幽霊は口が裂けていて足が無いのに、白い着物を着てすすり泣いて現れる」

「夜になると墓石がひとりでにゴトゴト動く」

「首吊りがあったあの楠の木は、夜になると風がないのに枝が揺れる」

「蔵多山に棲んでいるキツネは、女に化けてやって来る。松の木そっくりに化けたりする」

「赤迫山に棲むタヌキは、夜中に家の雨戸を叩きに来る」
「清水どんには、白馬が出る」
　みんな作り話しであったはずなのに、体がぶるぶる震えた。怪談話を次々に聞かせておいて、一人ずつ行かされた。三年生は首吊りがあったと伝えられる大きな楠の木まで。四年生は墓地が見える松林の一本松まで。大砂丘の一部が大きく崩れた急斜面の上に一本だけ残っている松の木だった。松林の中を通って行かなければならなかった。五年生は墓地まで。墓石に供えてある花筒の花を取ってくることだった。当時はまだ土葬だったため、葬式のあった後などは怖くて身の毛がよだった。墓地もまた松林の中を通って行かなくてはならなかった。

みんな一目散に走って行き、走って帰って来た。集落の周辺には怖い場所は至る所にあり、その都度、六年生が決めた。不参加は許されず、精神の鍛錬が子どもの頃から厳しく仕込まれた。

6 スズメギッタ（パチンコ）

鹿児島ではゴムヒモのことを「ギッタ」という。スズメを撃つために木の枝で作ったパチンコのことを「スズメギッタ」といっていた。秋の気配が漂い始めると、スズメギッタ作りをした。毎年、雑木林に行き、樫の木の二股の枝を鉈で切り取ってきた。当時、ゴムは大変貴重なもので、なかなか手に入らなかった。ところが、相星（集落名）のある家でゴムを売っていた。その家に買いに行くと「赤ギッタがよいか？　黒ギッタがよいか？」と聞かれ、幅八ミリ、長さ二十数センチほどのギッタを売ってくれた。自動車の古チューブだった。ギッタの真ん中に弾丸（小石）を挟むための皮を取り付け、枝股の両端に針金で括り付けるとスズメギッタができ上がる。

スズメギッタで撃ってよいのは鳥だけで、犬や猫などの動物は撃ってはいけないという暗黙の決まりがあった。弾は小石かドングリで、両ポケットはいつも小石とどんぐりで膨らんでいた。

早速、スズメ撃ちに出掛けた。屋根の上にいるスズメを狙った。スズメは子どもたちの行動を屋根上からよく見ている。スズメギッタを構えるとパッと逃げた。スズメは自分の方に近づいて来る人間には敏感で警戒するが、下を通り過ぎると安心するらしい。そこで何気なく通り過ぎる振りをして、振り向きざまに撃つ手を使った。でも、なかなか当たるものではなかった。

近所の竹やぶがスズメのねぐらになっていた。夕暮れ時、たくさんのスズメが集まって来た。ある日私はその下に行き、めくら滅法に撃った。すると一羽がばさばさと墜ちてきた。尻に命中して石の形に凹んでいて、すぐ絶命した。まだ温かいスズメを持ち帰ると「かわいそうに。そんなに近くから撃つものではない」と、母にたしなめられた。スズメの死骸はすぐに桃の木の根元に埋めた。

スズメ撃ちは当たらなくてもよい。狙いを定めて石を飛ばすときのスリルが楽しみで、当たるとは思わずに撃っていた。

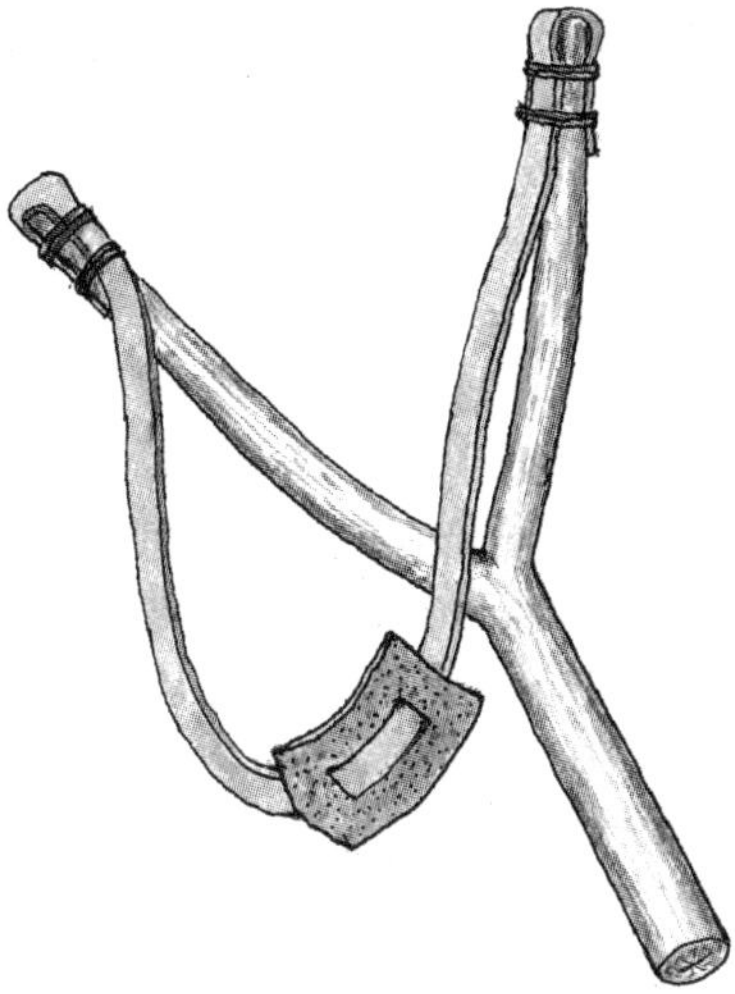

スズメギッタ

実りの秋を迎えると秋空の下、田んぼは黄金色に染まり稲穂が波打つ。そこへスズメの大群がやって来て稲穂を食い荒らす。農家の人たちは一斗缶などを叩いて追い払った。飛び去っても、人がいなくなると、またすぐやって来た。人間とスズメのイタチごっこである。私たちは田んぼに行き、正義の味方とばかりに小石を飛ばして撃退した。スズメギッタで撃ったのは、スズメとカラスだけだった。

7 アケビとムベ採り

家から歩いて十分ほどの赤迫山から蔵多山の一帯は、生《な》り物《もの》の宝庫だった。私たちは四季を通して山に遊びに行き、獣道まで知り尽くしていた。取り分け晩秋のアケビ（木通）とムベ（郁子）は、私たちを山へと駆り立てた。

アケビは蔓性落葉低木で、実は淡紫色で熟れると縦に割れ、実には多数の黒色の種子がある。ムベは常緑蔓性低木で、暗紫色でアケビに似ているが実は開裂しない。

山の生り物は誰でも採ってよかった。しかも、早い者勝ちである。子どもたちは仲間同士で、それぞれ生り物の生えている秘密の場所を数カ所持っていて、実の熟れ具合を偵察にいった。

「もう、よいかも」と、頃合を見て採りにいった。はじめは山の入り口付近のものから採り、日を追うごとに次第に山奥へ分け入った。一日違いで誰かに採られてしまい、悔しい思いをしたこともあった。野鳥にも先に啄ばまれた。野鳥の中でもヒヨドリは群れをなして荒らし回っていた。自分も雑木林の急斜面の崖を木の根っこや蔓を伝い谷に下りたり、尾根によじ上ったりして採った。

アケビの葉はいち早く黄ばむので、すぐに見付けることができた。ところが、藪の中に生えていて木などに巻きついて這い上がっているものがあり、しかも、サルトリイバラ（猿捕茨）に絡んでいることが多くて厄介だった。サルトリイバラの茎（蔓）には鋭い棘があり、名前の由来は「猿が棘のある中に追い込まれて捕まってしまう」からだそうだ。大きくて形のよいものほど藪の中にあったので、棘に引っ掻かれながらも果敢に踏み込んだ。ムベはアケビより遙かに魅力があった。でも滅多に生えていないため、みんな必死に探し回った。見付けると、その場所を仲間と共有し秘密にした。

「あの谷にはキツネがいる」「あの迫《さこ》（山あいの小さな谷）にはタヌキがいる」などと言いふらし、他人を行かせないようにした。実際に昼間でも薄暗くて、一人では怖くて行けそうにないような所に生えていた。

持ち帰った実は、籾殻《もみがら》の中や小屋の藁束の中に入れて色付かせる。毎日、色付き具合を確かめては食べた。甘味はあったが、やたらと種が多く、種は庭に吐き散らした。食べる楽しみより、山中を探し回って採るときの心の昂《たかぶ》りが、子どもたちにはたまらなかったのである。

アケビとムベが終わると、山は一気に冬の装いに変わる。それを待っていたかのようにメジロの群れがやって来て、山を一層魅力的なものにした。

8 メジロ捕り

メジロのことを私たちは「ハナシ」と呼び、雄を「オンツ」雌を「メンツ」と呼んでいた。大人たちのようにハナシを持ち寄って鳴合わせはしなかったが、よく囀《さえず》るオンツを持っていると、友だちに自慢できた。
晩秋、裏山に早くもメジロがやって来た。私たちはそわそわして落ち着かなかった。冬休み前にもうメジロ籠作りに取り掛かった。大人たちは孟宗竹で骨組みを作った。子どもの私たちは細工のしやすい蓬莱竹を使った。蓬莱竹は棹が厚く水に沈むため、沈竹とも呼ばれ丈夫な材質だった。生垣の中から数年を経た堅いものを選んで切り出した。
籠作りは日当たりのよい縁側で作業をした。物差しでヒゴ穴の寸法を印して、キリで一穴ずつ開けて行く。面倒で根気のいる作業だったが、なぜか楽しかった。次は竹ヒゴ作りに取り掛かった。唐竹を細かく割り、右膝の上に雑巾を置き、小刀で一本ずつ削った。一つの籠に百本以上も必要だった。母からは「勉強をそんなに熱心にすればよいのだが……」と、いわれた。

数日後、いよいよ骨組みに竹ヒゴを一本一本差し込んで行く時は、心がときめいた。差し込む度に籠の形ができ上がってくるからだ。出入口の個所には重りも兼ねて数珠で飾りつけを施す念の入れようだった。最後に止まり木を二カ所に設え、底板をはめ込んで完了させた。籠は二つ作った。

ハナシを捕獲する落し籠も作った。メジロ籠の上に置くもので、高さは十二センチほどで、上面に落とし蓋を設えた。落とし籠の中には、メジロが好む椿の花や熟柿、みかんの輪切りなどを入れて、その上に細い二股の踏み枝を置く。踏み枝の付け根部分を細長く削り籠の外に出して、蓋に結び付けた糸の先端にピンを付けて連動させておく。メジロが踏み枝に乗った途端にピンが外れて、蓋が落ちる仕掛けである。この微妙な仕掛けを私たちは見様見真似で覚えた。メジロ籠の上に落とし籠を乗せて、おとりのメンツを入れると準備ができ上がる。この日が待ち遠しかった。

早速友だちと裏山に捕獲に行った。山の仕かけ場所は秘密だった。メジロは小さな群れを作り、毎日ほぼ同じ場所を巡るらしい。椿の蜜を吸い、ヒサカキやガマズミなどの実を啄ばみ、途中で水浴びもする。その習性と通り道を知っていた。

山椿のある近くの木に吊るし、オトリのメンツでオンツを呼び寄せる作戦だ。藪や茂みに身を潜めて、口笛でツーツーとメンツの鳴き真似をしながら根気強く待った。オトリが鳴いて騒ぎ出すとしめたものだ。アッという間に群れ飛んで来た。私たちは一目でオンツとメンツの見分けができた。目当てはオンツだった。

メジロが落とし籠の縁に止まり、パタンと蓋が落ちるその一瞬のために、苦労して籠作りをしてきたのだ。一つの群れが去っても、しばらくすると、また別の群れがやって来た。

冬になるとわが家の庭にもやって来た。毎日、決まった行動をしていた。まず屋敷の東南の角にある楠に十羽ほどが囀き合いながらやって来る。目当ては三本の藪椿だった。藪椿の花芯には蜜が蓄えられていて、舌先で舐めると微かに甘かった。花弁の中に頭ごと突っ込み、夢中になって蜜を吸った。黄色い花粉にまみれて次の木に移る。

椿の次は庭の築山にある大きなヒサカキの木の黒い実を啄ばんだ。群れの中の数羽は庭の手水鉢の水を飲み、水浴びをするのもいた。最後は枇杷の木に群れて枇杷の花の蜜を吸った。この季節、枇杷の花はひっそりと咲いていた。花は目立たず、まるでボロを纏っているかのようだったが、メジロは甘いことをよく知っていた。庭木でしばらく遊んだ後、また囀き合って垣根を越えて飛び去った。

その頃、学校にいくとき毎朝、庭木に落とし籠を仕掛けていった。授業中もメジロのことが気になるのだった。子どもたちは一年を通して飼うことはしなかった。桜の花が咲く頃には、友だちと山に放しに行った。

現在は鳥獣保護法が強化され、都道府県知事の許可を得た場合を除きメジロの捕獲および飼育は禁止されている。都道府県によっては、捕獲も飼育も全面禁止しているところもある。

9　胴馬とケッタ馬

〈胴馬〉

寒い日、休み時間になると教室を飛び出し、体を温めるために胴馬遊びをした。人数は十数人いるとできた。守備側（馬役）と攻撃側（乗り手）の二手に分かれて行う。

馬頭は校舎の壁を背にして立って構える。その馬頭に馬役の一人が腰に頭を当てて腕を腰に巻いて馬になる。更に同じ格好で次々に馬になり、長い胴馬を作った。

乗り手は跳び箱を跳ぶ要領で助走して、馬の後方から順々に跳び乗る。全員が乗ったところで、馬頭とジャンケンで勝負を決める。ジャンケンに負けた方が馬役になる。一人でも落馬すると全員交代となる。乗り手はわざとドスンと乱暴に乗ったり、高く跳び上ったりして馬潰しをした。ところが、それが裏目に出てよく転がり落ちた。

最初に跳んだ子が飛距離が足りずに、全員が乗りきれない時も交替となる。胴馬が潰れると負けとなり、また馬役をしなければならなかった。

頭や顔を蹴られ、耳たぶが千切れるくらい痛い思いをしながらも、みんな楽しく遊んだ。体はぽかぽかと温まった。

〈ケッタ馬〉

ケッタ馬でもよく遊んだ。こちらは動きが激しく、乗り手は個人プレーであった。馬役と乗り手は半々に分かれて行った。

まず地面に直径四メートルくらいの円を描く。馬頭は前を向き、胴馬のときと同じように長い馬を作り、全体を思いのままに引き回す。馬の最後尾の子は尻尾役になり、動き回りながら乗り手の子を蹴る。蹴られた子が今度は尻尾役になり、馬頭は順送りで乗り手になれる。

馬にはどこからでも乗ってよかった。馬は激しく動き回って乗られないようにした。また振り落とそうとした。落馬したり、円からはみ出た子は馬役にされた。動きが激しいため、しばしば馬は自分で潰れることがあった。

授業開始の鐘が鳴ると、残念がりながら教室に戻り、おとなしく授業を受けた。次の休み時間になると、また教室を飛び出して続きを行った。荒々しい集団遊びではあったが、自然に子ども同士の絆ができ上がっていった。今は胴馬もケッタ馬も危ないという理由で、学校では禁止されていると聞く。あんなにも楽しい遊びだったのに……。

10　遊びの数々

子どもたちは遊びにかけては天才だった。仲間が数人集まると、人数・人員構成に合わせて、道具無しでも思いおもいの遊びをした。実に多くの遊び方を知っていて、それぞれのルールも心得ていた。学校では同級生同士、学校以外では主に集落単位で遊んだ。上級生からたくさんの遊びを教わり、ルールをきっちり守り、上級生も下級生も区別なく入り混じって遊んだ。

親が子と遊ぶことはなく、また子どもたちの遊びに親が加わることは一切無かった。遊びは完全に子どもたちだけの世界だった。

〈十人以上の遊び〉

陣取りこ

宝取り（肉弾戦）

とっかん遊び

野球
ドッジボール
胴馬とケッタ馬
とっかん

〈少人数の遊び〉
相撲
三角ベース
水泳（プールなど無い時代だったので、海や漁港や川で泳いだ。町の子どもたちはほとんどが泳げた）
めんこ
ビー玉
ケンカ独楽
竹馬（より高いものを自分たちで作り、歩き回った）
凧揚げ（自分たちで作り、両翼の飾りビレ

や尻尾の本数と長さを工夫して揚げた）
ナワ跳び
鬼ごっこ
かくれんぼ
すんすんかごめ（目隠し遊び）
タガ回し
缶けり
釘立て（五寸釘を交互に地面に打ち込み、相手を包囲する遊び）
木登り（ただ登るだけでなく、松の木から松の木へ何本乗り移ることができるかを競った。木の上で鬼ごっこもした。私は鬼ごっこで枝から枝へ飛び移るときに落ちて足の踵を骨折したことがある）
ターザンごっこ
竹鉄砲
水鉄砲

水中銃
カラスの巣壊し（友だちと高い松の木に登り巣壊しをしたとき、たちまち仲間のカラスが集まってきて猛反撃に合い、あやうく木から落ちそうになった）
蜂の巣壊し（小屋の軒下などにある巣を見つけると、竹竿で突いて壊さずにはいられなかった。腕や手の甲を何回も刺されたが、一向に懲りなかった）
竹トンボ
紙飛行機（三角飛行機、ヤリ飛行機）
下駄で天気占い
砂まくり（大砂丘の急斜面に体を横にして、ただ転がるだけの遊び。体中、砂まみれになった）
青みかん転がし（大砂丘の斜面に尻で溝を作り、カーブさせたり、橋やトンネルを

作り、小さい青みかんをゲートから転がす競争）

〈小動物捕り〉

野うさぎ（巣穴探しに熱中した）

モグラ（竹筒で仕掛け罠を作り生け捕った。中学生の頃、私はモグラ捕りの名人と言われていて、他所の屋敷や畑のモグラ捕りを頼まれた）

蛙釣り

スズメ（ザルに突っかい棒を仕掛けて捕った）

ホオジロ（地面に網を仕掛けて捕る）

メジロ

トンボ

セミ

玉虫

コガネグモ（クモ合戦用）

〈魚獲り〉
釣り（コイ、フナ、ウナギ）
かいぼり
エビ

足の速い子、ビー玉やめんこにめっぽう強い子、木登りが得意な子など、みんなそれぞれに特異な能力を存分に発揮した。遊び道具はみんな自分たちで工夫を重ねて作った。作るのも遊びのうちだった。豊かな自然の中で山野を駆け回り、田畑を駆け回り、町中を駆け回るうちに、たくましい心身が培われた。遊びを通して子ども同士の友情と絆が出来上がり、年長者を敬い、年少者を慈しむという、長幼の序も生まれた。

おわりに

七十八歳になった今、伝え書き残すことの大切さを一層重く感じています。

私は三十年前に、画文集『からいも育ち』(筑摩書房)を刊行いたしました。多くの方が読んでくださいましたが、戦中・戦後のことを十分に伝えられなかったとの思いを、ずっと抱いていました。

そこで、戦後七十年の節目に、あらためて字数と頁数を増やし詳細に書き直しました。

もとより、私には絵の才能も文章を書く能力もありませんが、体験したことなら書けるとおもい、当時の記憶を一つひとつ辿りました。

思い返しますと、大切な教科書に墨を塗った日のこと、飛行機が無残に打ち壊されている光景を目にした日のこと、飛行場を畑にするために開墾した日のことが、私の戦後の原点になっています。

みじめで情けない様子なども書きましたが、戦後の暮らしのありのままです。

掲載の絵は『からいも育ち』に描いた絵の一部を活かしました。そのほかに、描きためておいた油絵、新たに描いた水彩画とペン画、さらに、保健同人社の月刊誌『お達者で』の表紙に描いた絵の中からも選びました。

私事で恐縮ですが、三十三年前に、進行性・筋ジストロフィーと診断され、闘病生活を余儀なくされています。この病気でこの年齢まで生かされているのは、書き残すことが私に与えられた使命との思いで一心に綴りました。

本書に出てくる子どもたちは、一人として非行に走る者はいませんでした。日本が存亡の機にありましたので、親、先生、地域の大人たちが、子どもたちをしっかり見守り、厳しくしつけたからだと思います。やがて、高度成長期の担い手となり、日本再建に尽くしたことを書き添えさせていただきます。

かつての飛行場は、今は畑になっています。浜沿いは県立吹上浜海浜公園に指定されて、運動公園、お祭り広場、屋外ステージ、キャンプ場などがあり、平和がつづいています。

飛行場跡の一角に〝万世特攻平和祈念館〟が、ひっそりと建っています。

祖国のために若くして尊い命を亡くされた二〇一名の御霊が祀られ、特攻隊員たちの無言の遺書と手紙、遺品などが展示されています。私は訪れるたびに、胸が疼き涙が止まりません。

最後になりましたが、永年「一日一絵」を励まし続けてくださり、さらに本書にも激励のことばを寄せてくださいました吉永小百合さんの御厚情に深謝いたします。

本にしてくださいました日貿出版社の鈴木尚さん、装丁・組版の中山デザイン事務所、写真撮影の荒川健一さんに、心からお礼を申し上げます。

二〇一五年七月一日

野崎 耕二

［著者紹介］

野崎耕二（のざき こうじ）

昭和十二（一九三七）年、鹿児島県南さつま市生まれ。万世町立万世小学校・中学校、県立薩南工業高校卒業後、昭和三十二（一九五七）年に上京。東昌国土研究所に勤務。昭和四十八（一九七三）年に独立、地図編集制作・イラストの仕事を始める。絵画作品が千葉県展等で度々入選、特選等に選ばれる。

昭和五十八（一九八三）年に「進行性・肢帯型筋ジストロフィー」と診断され、闘病絵日記「一日一絵」を描き始める。昭和六十三（一九八八）年から車いすの生活、平成十八（二〇〇六）年からは自力で起き上がることが困難になるが、絵は現在も欠かさず描き続けている。

この間に「からいも育ち展」「ふるさと画展」「一日一絵展」ほか展覧会を各地で多数開催。ラジオ番組やテレビのドキュメンタリーへの出演も多く、最近では平成二十二（二〇一〇）年、ＮＨＫテレビ「おはよう日本」で「一日一絵・27年刻まれた絵日記」としてその制作活動が紹介された。新聞・雑誌などでも多数記事紹介されている。

出身地南さつま市の萬世酒造松鳴館には常設の作品展示場がある。

著作には『一日一絵』第一集～第十集（ＪＴＢパブリッシング）、『からいも育ち』（筑摩書房）、『一本の絵筆から』（童心社）、『車いす　きばいやんせ日記』（中央公論新社）、『歩けた日々のスケッチブック』『季節の贈り物』（日貿出版社）など多数がある。

千葉市稲毛区在住。

今《いま》こそ伝《つた》えたい　子《こ》どもたちの戦中《せんちゅう》・戦後《せんご》

小さな町の出来事と暮らし

2015年8月15日　初版発行

著　者……野崎耕二《のざきこうじ》
発行者……川内長成
発行所……株式会社 日貿出版社
東京都文京区本郷5-2-2　〒113-0033
電　話＝03-5805-3303（代表）
FAX＝03-5805-3307
振替口座＝00180-3-18495

印刷・製本……株式会社 ワコープラネット
写真撮影……荒川健一
装丁・組版……中山デザイン事務所（中山銀士・金子暁仁）

ISBN978-4-8170-8212-1　http//www.nichibou.co.jp/